AF238011

Guía del opositor a bibliotecas

Antonio Rodríguez Vela

# Guía del opositor
# a bibliotecas

EDICIONES TREA

Primera edición: febrero de 2025

© Antonio Rodríguez Vela, 2025

© de esta edición:

Ediciones Trea, S. L.
Pol. Industrial de Somonte · M.ª González la Pondala, 98, nave D
33393 Somonte · Cenero · Gijón · Asturias · España
Tfno. 985 303 801 · Fax 985 303 712

trea@trea.es
www.trea.es

Dirección editorial: Álvaro Díaz Huici
Producción: Patricia Laxague Jordán
Maquetación: Alberto R. Torices

ISBN: 978-84-10263-92-5
Depósito legal: AS 00054-2025

Impreso en España — Printed in Spain

Todos los derechos reservados. No se permite la reproducción total o parcial de este libro, ni su incorporación a un sistema informático, ni su transmisión en cualquier forma o por cualquier medio, sea éste electrónico, mecánico, por fotocopia, por grabación u otros métodos, sin el permiso previo por escrito de Ediciones Trea, S. L.

La editorial, a los efectos previstos en el artículo 32.1 párrafo segundo del vigente TRLPI, se opone expresamente a que cualquiera de las páginas de esta obra o partes de ella sean utilizadas para la realización de resúmenes de prensa.

Cualquier forma de reproducción, distribución, comunicación pública o transformación de esta obra solo puede ser realizada con la autorización de sus titulares, salvo excepción prevista por la ley. Diríjase a cedro (Centro Español de Derechos Reprográficos) si necesita fotocopiar o escanear algún fragmento de esta obra (www.conlicencia.com; 91 702 19 70 / 93 272 04 47).

# Índice

# Introducción

Con la experiencia que tenía tras haber aprobado las oposiciones de Ayudante de bibliotecas y por mi trabajo en la Sección de Documentación Bibliotecaria de la Biblioteca Nacional de España, precisamente dedicada al apoyo a opositores, cuando comencé a prepararme para afrontar las pruebas de promoción interna para Facultativo creía tenerlo todo listo. Junto a la compañera con la que iba a redactar el temario y con la asesoría de nuestra tutora, parecía que no había detalle que se nos escapara: teníamos un calendario a seis meses vista en el que cada una de las tareas tenía fecha de cumplimiento; un cronograma con las horas que íbamos a dedicar cada día al estudio de las diferentes pruebas; incluso las vacaciones y las actividades de los fines de semana ya estaban planificadas. El programa parecía sólido e infalible, iríamos quemando etapas sin agobios pero sin descanso, hasta alcanzar la meta. Y entonces llegó la pandemia.

Cuando después de aprobar las oposiciones volví a la carpeta con la que había comenzado todo, no pude evitar sonreírme ante la ingenuidad de aquel que había comenzado el camino tres años atrás. Ni el calendario, ni el cronograma, ni las vacaciones planificadas se habían cumplido tal como había previsto. Como se suele decir, si quieres hacer reír a Dios, cuéntale tus planes. Sin embargo, aquel trabajo no fue en balde. La precisión con la que estaba diseñado se transformó en unas pautas flexibles y adaptables a las nuevas circunstancias. No fue la teoría ideal la que me marcó el paso a lo largo del camino, sino la práctica realista la que me llevaría a cumplir el objetivo.

Y esta es la experiencia que trataré de transmitir en esta *Guía*. No se trata de venderla como uno de esos manuales infalibles para aprobar unas oposiciones, que en realidad tienen la misma efectividad que el aceite de serpiente milagroso que vendían aquellos truhanes de las películas del Oeste, entre otras cosas porque esa fórmula mágica no existe. No hay un método único que sirva para todas las personas y circunstancias, y que si se cumple a rajatabla lleva de manera imbatible al éxito. Cada persona, con sus particularidades, debe encontrar su propia vía. Pero lo que sí pretendo con esta *Guía* es señalar algunos caminos que cada uno puede explorar por su cuenta, bien pertrechado con los recursos necesarios. Con estos consejos también se evitarán extravíos, la pérdida de un tiempo precioso que más tarde se puede lamentar haber malgastado. Sin dogmatismos, sin soluciones fáciles, sin recetas milagrosas, pero con indicaciones fiables, experiencias propias y ajenas, y buena voluntad.

# Primeros pasos

## UNA CUESTIÓN DE TIEMPO

Si hay un elemento clave a la hora de preparar unas oposiciones es el tiempo. Esto puede parecer una obviedad, pero como muchos principios de sentido común que se dan por asumidos, es habitual olvidarse de ello. Para empezar, el proceso completo desde que uno decide presentarse a las oposiciones hasta que finalmente se incorpora a su puesto de trabajo es siempre indeterminado y en no pocas ocasiones exasperantemente largo. Por eso es necesario crearse un espacio de tiempo de estudio que convierta el esfuerzo continuado en una rutina.

Todos sabemos que el estudio puede ser aburrido, que en momentos de bajón no se le encuentra sentido a lo que estamos haciendo, que a veces dan ganas de tirar la toalla. Por eso es conveniente marcarse la obligación de dedicar un tiempo inexcusable al estudio. Puede ser tan limitado como quince minutos diarios, lo necesario para no perder pie en ningún momento, o extenderse en sesiones maratonianas en las que te sientes con fuerzas para llegar hasta el final, solo un tema más. También puede estar perfectamente medido, dos horas todos los días, domingos excluidos, por ejemplo, y no hay excusa para saltarse el régimen. Pero, en cualquiera de los casos, hay que tener claro que sin una disciplina diaria, dejando el estudio para los momentos de inspiración o, peor todavía, ¡para cuando tengamos ganas!, no vamos a llegar muy lejos.

## CORPORE SANO

Dentro de las rutinas dedicadas a la preparación también hay que dejar un espacio para el ejercicio físico. Cierto que las oposiciones de bibliotecas no son las de bomberos, pero el factor físico es más importante de lo que pueda parecer. La exigencia requerida en el momento de los exámenes es tal que el cuerpo acaba exhausto. Además, como el periodo de preparación es tan largo, si se está todo el tiempo encerrado en casa sin realizar ningún ejercicio físico las consecuencias pueden ser nefastas, y no me refiero a la salud, campo ajeno a esta *Guía*, sino al propio rendimiento en las oposiciones. Hay pruebas que se pueden alargar hasta cuatro horas de gran intensidad intelectual, y una mala preparación puede provocar que lleguemos a la recta final sin fuerzas para completar la tarea. Por eso es recomendable llegar al momento en un buen estado de forma que nos permita culminar cada prueba con la mente fresca y agotar todo el proceso sin desfallecer en el intento.

Otros hábitos saludables que siempre se recomiendan y que se resaltan aquí por su pertinencia en la preparación de las oposiciones son la buena alimentación y el sueño. Como las rutinas de estudio, la comida sana puede ser aburrida, pero es igual de necesaria para alcanzar un punto óptimo a la hora de enfrentarse a las exigencias de una larga oposición. Hay muchos estudios que todos conocemos sobre los beneficios de esta dieta equilibrada, así que no abundaré en ello, solo diré que funciona.

Igual o más importante es dormir bien. También es más difícil de cumplir, porque por muchos consejos y pastillas que se recomienden, todavía no existe un remedio para quien tenga problemas a la hora de conciliar el sueño. Sin embargo, hay que hacer todo lo posible por dormir las horas que cada uno necesita para tener la mente despejada. Por un lado, estudiar cansado es mucho menos eficaz que hacerlo en plenas facultades. Pero además se ha demostrado la importancia del sueño para consolidar lo estudiado durante la vigilia. A saber por qué, pero es así.

En mi experiencia, es especialmente importante el descanso durante unos días previos a los exámenes más duros. En esos días, nada de maratones agotadores. Si puedes disponer de una semana libre, aprovecha para dormir todo lo que puedas, hacer ejercicio, comer bien. Y repasar tranquilamente. ¿Cuántas veces hemos oído/dicho que «lo que no sepas ya no lo vas a aprender el último día»? Pues eso, la última semana debe servir para tener claros los esquemas mentales, detectar algún punto flojo, intentar memorizar ese dato que se resiste. Y por supuesto, el día antes de la prueba, buscarse algo en lo que pasar el tiempo (ver películas, leer, irse al campo), pero nada de acercarse a los apuntes.

MENS SANA

En este mismo sentido, y sin ir más allá de las pretensiones de la *Guía*, es importantísimo tener la mente despejada. Claro, es uno de esos consejos fáciles de dar y de arduo cumplimiento, pero cada uno debería encontrar la manera de poder relajarse para no tener ocupada una parte imprescindible del cerebro en cuestiones improductivas y centrarse en lo que en ese momento es importante. A lo largo del proceso se caerá a menudo en el pesimismo, en el para qué me meto, nunca lo voy a sacar. Son pensamientos que no llevan a ninguna parte. Tampoco creo que el pensamiento positivo sea de mucha ayuda, de hecho puede ser contraproducente al crear un exceso de confianza. Pero son cuestiones psicológicas en las que no voy a profundizar. Lo que sí pienso que es importante es estar tranquilo, centrarse en el día a día, marcarse objetivos realistas y conseguir pequeñas satisfacciones cuando se cumplen las metas. El examen es un horizonte lejano que siempre está de fondo, pero que no debe obsesionarnos hasta paralizarnos: es mucho más eficaz ir paso a paso y cumplir fases específicas que dejarse abrumar por ambiciones que de golpe pueden parecer inabarcables.

HACER UN *BENCHMARKING*

En la etapa de la preparación de las oposiciones, pero sin entrar todavía de lleno en el estudio, se encuentra lo que podríamos llamar «hacer un *benchmarking*». Por algún motivo, este término ha hecho fortuna en el mundo bi-

bliotecario y no se suele traducir. Es muy recurrente en los temas relacionados con gestión y puede transmitir la impresión de que dominamos la jerga,
así que aprovechemos para saber bien en qué consiste. Julio Alonso Arévalo
lo define así:

> Dentro del marco de la gestión de la calidad, una organización puede recurrir
> a diversas herramientas metodológicas con el fin de conseguir los mejores resul-
> tados en función de sus condiciones de competitividad. Una de ellas es el *bench-
> marking*, que persigue la identificación de las mejores prácticas en otras organiza-
> ciones, con el objetivo de aprehenderlas y mejorar el rendimiento de un proceso
> o función determinada[1].

En realidad, este concepto se aplica de manera laxa, como también voy a
hacer yo. Con «hacer un *benchmarking*» me refiero a realizar un estudio de
las condiciones específicas de la convocatoria que nos puedan ayudar para
saber por dónde encaminar nuestro estudio. La primera tarea consistiría en
buscar exámenes anteriores de la entidad convocante. Por ejemplo, si vamos
a presentarnos a las pruebas de una universidad, sería conveniente leer con
detenimiento las pruebas realizadas en años anteriores para saber cómo es el
tipo de preguntas, en qué campos se suelen centrar, etc.

En general, como es comprensible, cada tipo de institución incluye un
tipo de cuestiones particulares; así, las universidades se pueden centrar más
en aspectos tecnológicos y de apoyo a los investigadores, mientras que las
entidades locales incluirán cuestiones particulares sobre su territorio e historia. Pero dentro de cada una de estas entidades generales hay enormes diferencias. Nunca hay que minusvalorar el valor de la tradición, o en su versión
más pedestre, del «aquí esto siempre se ha hecho así». Después de todo, los
miembros del tribunal no se inventan las oposiciones de la nada, sino que
también ellos buscan referentes. Es cierto que a veces se producen cambios
radicales en estas tradiciones que pueden descolocar, pero es una buena idea
estar al tanto de las costumbres para no desentonar.

---

[1]  https://universoabierto.org/tag/benchmarking/

En esta misma línea, también es oportuno estudiar al tribunal. Si un miembro del mismo es, pongamos por caso, experto en metadatos, no estaría de más dedicarle una especial atención a esta materia[2]. Si otro miembro trabaja en un servicio de adquisiciones, lo más prudente sería repasar bien el tema de desarrollo de la colección. Esto puede ser útil tanto en las pruebas tipo test, ya que seguro que caerá alguna cuestión relacionada con el área de especialización de los miembros del tribunal, como sobre todo para los casos y supuestos prácticos, ya que lo más lógico es que se pregunte por temas que el propio tribunal domine. A ser posible, no estaría de más investigar las actuaciones realizadas por los miembros del tribunal en su desempeño profesional. Si alguno de sus componentes tiene artículos publicados, sería oportuno leerlos con atención y sacar las conclusiones debidas. Tampoco se trata de realizar una labor detectivesca en busca de una clave mágica, de hecho en muchos casos no encontraremos apenas información útil, pero buscar algunos datos poco conocidos o que demuestren interés por la materia puede significar un punto a favor.

De hecho, este consejo, encontrar un dato que vaya más allá de los tópicos repetidos en todos los manuales, es válido para el temario en su conjunto y puede marcar la diferencia en la exposición de un tema o en un supuesto práctico. Hay que tener en cuenta que el tribunal va a escuchar una y otra vez las mismas peroratas, por lo que hacerse notar con un apunte personal puede despertar su atención y demostrar que nos hemos interesado por investigar la materia. En cualquier caso, si hay que priorizar algunos campos en particular, es una buena apuesta que estos sean las áreas de especialización de los miembros del tribunal.

El último paso del *benchmarking* consiste en ponerse en contacto con compañeras que hayan pasado por el mismo proceso. En el mundo bibliotecario hay de todo, como en todas partes, pero siempre encontrarás a una persona amable que te pueda contar sus experiencias. Esto puede ser de un

---

[2] Por cierto, hay temas que se te pueden atragantar, en mi caso algunos aspectos de las nuevas tecnologías me parecen arcanos e ininteligibles. Por supuesto, lo óptimo es tratar de comprender todos los temas, pero en caso de imposibilidad cognitiva, lo mejor es no enrocarse y recurrir a la simple memorización de datos (o metadatos).

enorme valor, ya que una opositora que se presenta de nuevas puede estar totalmente perdida, y escuchar los consejos de una persona que ya ha pasado por ello la puede tranquilizar, además de obtener unas pautas muy útiles. De eso trata esta *Guía*, pero con una compañera que ya trabaja en la organización en particular para la que vamos a postularnos, obtendremos una información más personalizada que sirva para resolver dudas concretas.

Además, si no se tiene experiencia en el mundo bibliotecario (más allá de haber ido a bibliotecas a coger libros prestados y a estudiar), una vez superadas las pruebas teóricas se puede pedir permiso a alguna biblioteca para visitar sus instalaciones y ver cómo funciona. Si no se cuenta con una visión de primera mano, es difícil hacerse a la idea de cómo es en realidad lo que solo conocemos por la teoría, así que una pequeña visita guiada por compañeras que muestren cómo funciona una biblioteca por dentro nos aclarará mucho las cosas. Estas compañeras han sido o son ellas mismas opositoras, así que encontrarás comprensión y podrán resolver dudas pertinentes.


MATERIALES

El primer paso a la hora de iniciar el estudio propiamente dicho es la selección de los materiales. Para ello se deben elegir los manuales y temarios de referencia que se utilizarán para preparar los exámenes, de acuerdo al tipo de prueba al que se va a someter y el nivel de la misma. En el mercado editorial hay multitud de opciones disponibles, por lo que es conveniente hacer una buena selección de los recursos que mejor se ajusten a las pruebas exigidas. Ya entraremos en detalles a este respecto al hablar de las diferentes pruebas.

Una buena idea puede ser visitar una biblioteca y revisar las opciones. Pero hay que tener en cuenta que no existe el manual perfecto que nos lo dé todo hecho, sino que hay que tomárselo como un punto de partida que nos permitirá hacernos una idea de por dónde van los tiros, pero sin pensar que con repasar un libro de texto ya elaborado nos podemos despreocupar de preparar nuestro propio temario. Las academias suelen proporcionar manuales con dedicación específica a cada oposición, pero puede ser mejor que el opositor tome este material como base para crear un temario personalizado que incluya más información que aquella que puede obtener cualquiera que tenga acceso a estos libros.

Por una parte, estos temarios suelen ser muy desiguales y aunque algunos apartados están muy bien elaborados y fundamentados, otros dejan mucho que desear. Por otro lado, es importantísimo estar siempre actualizados, al corriente en las últimas tendencias de biblioteconomía y personalizar la información. Daré algunas pistas a este respecto en los apartados correspondientes. Adelanto la importancia de recurrir a las fuentes primarias, que en muchos casos tienen forma de legislación o normativas. Puede ser mejor ir al original que confiar en elaboraciones de terceras personas. También es óptimo acceder a monografías y artículos concretos sobre cada uno de los temas y a recursos que se pueden encontrar en internet. En este sentido, es muy útil consultar la sección de bibliografías profesionales que ofrece la Biblioteca Nacional de España con documentos específicos para las diferentes áreas de Biblioteconomía, Bibliografía y Documentación, Tecnologías de la Información, Historia del libro y de las bibliotecas y Derecho[3].

Respecto a la cuestión de apuntarse a una academia, en este punto tampoco hay una respuesta única para todo el mundo. Si no se sabe nada del mundo bibliotecario, es una buena opción para empezar a dominar conceptos y hacerse una idea general, pero dependiendo de la persona tampoco es estrictamente necesario. Por otro lado, aunque se tenga una gran experiencia, estos cursos pueden ayudar a refrescar conceptos y a tener una rutina de estudio. En algunos aspectos más técnicos, como pueden ser el de la catalogación y los supuestos prácticos, sí que es casi inevitable hacer algún tipo de curso que como mínimo sirva de base para poder hacer frente a los ejercicios correspondientes.

---

[3]  https://www.bne.es/es/servicios/servicios-para-bibliotecarios/recursos-para-profesionales-informacion-opositores/bibliotecas

EN COLABORACIÓN

Una cuestión delicada es la de la preparación conjunta de las oposiciones. Es habitual formar grupos de trabajo que se repartan las tareas para hacer más llevadero todo el proceso, por ejemplo en la redacción de los temas. Esto tiene su lado positivo y negativo, por lo que hay que tener ciertas precauciones. En cualquier caso, los grupos no deberían ser de más de tres o cuatro personas, con un equipo más numeroso las tareas de coordinación se hacen casi imposibles.

Es primordial dejar claro desde el principio el reparto de tareas, lo que tiene que hacer cada uno de los miembros del equipo y los plazos para su cumplimiento. Si en el grupo hay diversos perfiles, cada una puede ocuparse del área en el que esté más informada o que le sea más interesante. Este reparto obviamente puede facilitar mucho todo el proceso inicial de preparación, cuando parece que el reto que tenemos por delante es inabarcable y vamos a necesitar ayuda para llegar a buen puerto. También es beneficioso contar con diferentes puntos de vista que puedan haberse fijado en aspectos que a nosotros nos han pasado desapercibidos. O que pueden sumar sus experiencias particulares para enriquecer y refinar la metodología de estudio.

Pero el estudio compartido está lejos de ser una solución ideal por varios motivos. La situación más perjudicial es que una de las colegas no cumpla con su tarea. Esto causará una incomodidad de solución nunca sencilla, ya sea tragar con la rémora o tener que afrontar dejarla de lado. Otro escenario no menos desagradable es que esa persona haga mal su trabajo y lo que iba a ser un ahorro de tiempo se convierta en un desbarajuste de los plazos establecidos. Además, cuando te preparas tus propios temas es cuando más a gusto te sientes con ellos, y de hecho aunque cuentes con un temario previo, lo óptimo es revisarlo y hacerlo propio. Esto lo desarrollaré más adelante.

En conclusión, la colaboración puede ser beneficiosa, pero solo en el caso de que los términos de cooperación estén claros y que cada una cumpla con su parte. Quizá la mejor opción es la de las colaboraciones puntuales, tener un grupo de trabajo en el que se vaya aportando información útil, datos que han podido pasar desapercibidos, consejos generales. Y lo más importante de

todo, tener alguien con quien desahogarse. El proceso de las oposiciones conlleva momentos en los que uno necesita aliviarse de las neuras acumuladas, y
como las personas del entorno no tienen por qué compartir esta angustia, lo
mejor es tener compañeras que estén pasando por lo mismo, que compren-
dan lo que sientes y que no se molesten porque les sueltes un discurso lamen-
table sobre lo mal que está todo y que no llegas. No es estrictamente un grupo
de estudio, pero un grupo de apoyo te puede hacer mucho más llevadero el
proceso.

# Escoger una oposición

## PUBLICACIÓN DE CONVOCATORIAS

Las administraciones tienen la obligación de publicitar la información necesaria para dar a conocer el acceso a una oposición. La persona interesada en realizar un proceso administrativo de oposición debe estar atenta a los diferentes boletines oficiales o lugares de posibles publicaciones para conocer la existencia de un proceso administrativo de tipo oposición.

Hay diversos sistemas de suscripción o alertas para estar al tanto de las últimas publicaciones. Además del Boletín semanal de empleo público[4], página oficial en la que se informa sobre todas las novedades en este campo, existen editoriales y páginas web relacionadas con este ámbito que están al tanto de las citadas publicaciones y donde es fácil encontrar este tipo de información y que avisan de las convocatorias de nuevas plazas a través de boletines o sistemas de suscripción a los que los usuarios pueden apuntarse y mantenerse así informados de cualquier novedad. Por ejemplo, en la página web OposBusca[5] hay un apartado específico de bibliotecas para estar al tanto de todas las convocatorias realizadas en España.

En los tablones de anuncios de muchas bibliotecas se sigue manteniendo la tradición de avisar de estas convocatorias. En estos tablones, también presentes en facultades de Biblioteconomía y Documentación, además se pue-

---

[4] https://administracion.gob.es/pag_Home/empleoPublico/boletin.html
[5] www.opobusca.com

den consultar ofertas de trabajo o cursos que pueden ser de interés para el opositor, recursos también disponibles en Docuweb[6].

TIPOS DE CONVOCATORIAS

Las ofertas de empleo público pueden ser estatales, de comunidades autónomas, municipales o de universidades. En este documento público se expresa el número y el tipo de plazas que se necesitan cubrir, ya sea de nivel C1 y C2 (equivalente a auxiliar de bibliotecas), A2 (ayudantes) o A1 (facultativos); y la modalidad del sistema de oposición, que a grandes rasgos puede ser de oposición o concurso-oposición. Estos conceptos son vitales a la hora de elegir una oposición, por lo que es necesario tener claro en qué consisten. La Asociación Andaluza de Bibliotecarios[7] ha elaborado una útil guía para conocer las funciones de cada una de las categorías:

**Personal técnico bibliotecario de nivel superior o Facultativo**

Corresponden al personal técnico bibliotecario de nivel superior o Facultativo funciones de planificación, organización, coordinación y gestión. Entre otras:

- Coordinar y supervisar al personal a su cargo y a los equipos de trabajo.
- Elaborar las directrices para la gestión y mantenimiento de las colecciones bibliográficas.
- Planificar y coordinar el proceso técnico.
- Planificar y organizar las actividades culturales y de promoción de la lectura.

---

[6]  https://www.docuweb.es
[7]  https://aab.es/sistema-de-seleccion-del-personal-bibliotecario/

- Planificación de los materiales de difusión de la biblioteca y sus servicios.
- Planificar y organizar campañas de formación de usuarios.
- Desarrollar programas de evaluación de servicios.
- Realizar estudios, informes, memorias, estadísticas, normas internas de funcionamiento, manuales de procedimiento, encuestas, etc. sobre temas de su competencia.
- Planificación, diseño y gestión de los servicios de información general y bibliográfica, servicios de acceso al documento, servicios automatizados y electrónicos de la biblioteca.

**Personal de nivel medio o Ayudante de biblioteca**

Corresponden al personal técnico bibliotecario de nivel medio o Ayudante de bibliotecas funciones de organización, gestión y ejecución de tareas y actividades de información y atención a usuarios. Entre otras:

- Gestión y mantenimiento de colecciones bibliográficas.
- Realizar las tareas técnicas de catalogación y clasificación de los fondos bibliográficos y documentales en cualquier soporte.
- Desarrollo, mantenimiento y actualización de bases de datos bibliográficas y catálogos.
- Participar en las tareas de selección y adquisición de fondos bibliográficos.
- Participar en las tareas técnicas necesarias para el buen funcionamiento de la biblioteca: préstamo automatizado, interbibliotecario, etc.
- Atención y organización de servicios a usuarios.
- Información bibliográfica.
- Realizar búsquedas bibliográficas en bases de datos.
- Gestión y atención en los servicios de información general y bibliográfica, servicios de acceso al documento, servicios automatizados y electrónicos de la biblioteca.

- Organización y desarrollo de programas de formación de usuarios.
- Organización y desarrollo de actividades culturales y de promoción de la lectura.
- Elaborar materiales de difusión de la biblioteca y sus servicios.
- Elaborar informes técnicos y estadísticas.
- Organizar el trabajo del personal auxiliar a su cargo y coordinar equipos de trabajo.

**Personal Técnico auxiliar y Auxiliar de bibliotecas**

En la práctica no suele haber diferencias significativas entre las funciones del Técnico auxiliar y el Auxiliar de biblioteca. En función de las necesidades de la biblioteca y en el caso de que concurran ambos profesionales en una misma biblioteca, le serán encomendadas al auxiliar las tareas más básicas relacionadas con las colecciones, los servicios y la atención al público. En consecuencia corresponden al personal Técnico auxiliar y/o Auxiliar de bibliotecas funciones de información y atención al usuario y de apoyo al personal bibliotecario. Entre otras:

- Colocación y ordenación de fondos.
- Recepción, registro y control de publicaciones periódicas.
- Realización de recuentos y expurgos.
- Tareas de apoyo en el proceso técnico de fondos bibliográficos.
- Tareas de apoyo en el mantenimiento de catálogos.
- Registro de fondos bibliográficos y preparación de los mismos para su puesta a disposición del público (sellar, magnetizar, tejuelar los ejemplares).
- Introducción de datos correspondientes al registro del ejemplar en bases de datos bibliográficas.
- Efectuar pequeñas reparaciones de ejemplares deteriorados.
- Atención al usuario.
- Información general sobre la biblioteca y sus servicios.

- Información bibliográfica básica.
- Servicio de préstamo de documentos.
- Expedición de carnés de usuario.
- Colaboración en el desarrollo de actividades culturales y de promoción de la lectura.
- Colaboración en las actividades de formación de usuarios.
- Confección de estadísticas bajo la supervisión del personal técnico bibliotecario.
- Conocimiento y manejo del sistema de gestión bibliotecaria del centro, para poder llevar a cabo correctamente las funciones anteriormente descritas.

Este detallado desglose permite conocer las funciones generales atribuidas a cada uno de los grupos y se ajusta con precisión a las tareas asignadas. Dicho esto, hay que tener en cuenta que las necesidades particulares de cada biblioteca hacen que el desempeño profesional no siempre se ajuste estrictamente a lo estipulado. Es decir, que por necesidades de servicio un facultativo puede hacer funciones en principio propias de un auxiliar de bibliotecas. Y lo cierto es que es conveniente que sepa también cómo funciona el día a día de la biblioteca en la práctica, ya que solo si sabe de primera mano en qué consiste el trabajo de los empleados bibliotecarios podrá realizarse una gestión realista. Tampoco es inhabitual que, a pesar de que en las pruebas para acceder al puesto de A1 no suelan incluirse pruebas de catalogación, finalmente la ocupación principal de un nuevo facultativo sea la de catalogar.

En el caso de los auxiliares, aunque no se les puede exigir que realicen tareas impropias de su escala, si tienen inquietudes, habilidades y formación, es posible que también se ocupen de ejecutar funciones que van más allá de las que en principio tienen asignadas. Los ayudantes, como su propio nombre indica, ocupan un puesto que muchas veces es el de comodín, por lo que sus tareas son las más indeterminadas y puede hacer un poco de todo, según se lo demande las necesidades de la institución para la que trabaja.

Otro recurso útil para conocer las funciones específicas de los puestos bibliotecarios es el documento *Perfiles profesionales del Sistema Bibliotecario Es-*

*pañol: fichas de caracterización*[8], elaborado por el Grupo de Trabajo de Perfiles Profesionales, dependiente del Consejo de Cooperación Bibliotecaria. Su objetivo es la definición de los perfiles profesionales con sus competencias dentro del Sistema Bibliotecario Español. En principio, este documento está pensado para que las bibliotecas elaboren sus propias relaciones de puestos de trabajo, ayudando a que sean lo más precisas posible en la demanda de puestos de trabajo. Por lo tanto, también es de gran utilidad para que la opositora sepa claramente qué puestos pueden ser de su interés y qué trabajo le espera de aprobar la oposición. Los perfiles profesionales descritos en la última actualización (2019) son veintidós, e incluyen:

- Director de biblioteca
- Jefe de área
- Técnico responsable de colección
- Técnico responsable de servicios a los usuarios
- Técnico de biblioteca
- Técnico auxiliar de biblioteca
- Técnico responsable de tecnologías de la información
- Director de red de bibliotecas
- Bibliotecario referencista
- Especialista en formación de usuarios y alfabetización informacional
- Analista documental
- Bibliógrafo y encargado de fondo antiguo
- Bibliotecario encargado de la web social
- Bibliotecario encargado de la biblioteca virtual y de la preservación digital
- Bibliotecario especialista en dinamización sociocultural
- Bibliotecario experto en asuntos jurídicos
- Especialista en el diseño de recursos electrónicos y multimedia
- Bibliotecario unipersonal

---

[8]  https://www.libreria.culturaydeporte.gob.es/libro/perfiles-profesionales-del-sistema-bibliotecario-espanol-fichas-de-caracterizacion_1325/

- Bibliotecario escolar
- Bibliotecario especializado por fondo o por usuarios
- Bibliotecario de servicios para niños y jóvenes
- Bibliotecario/documentalista especializado en Ciencias de la Salud

En el documento publicado por el Grupo de Trabajo, de acceso libre, se podrán encontrar más detalles sobre las funciones de cada uno de los puestos.

¿QUÉ ELEGIR?

Con esta información, llega el momento de elegir la oposición a la que queremos presentarnos. Primero habrá que pensar en nuestras propias ambiciones y limitaciones, y después valorar las ofertas que se nos ofrecen. La distinción básica sería que Auxiliares es más fácil, Ayudantes intermedio y Facultativos difícil, pero en realidad esto no está tan claro. Primero, porque en Auxiliares, aunque es cierto que suelen aparecer más plazas, también hay más candidatos. En segundo lugar, la prueba de auxiliar suele ser el tipo test, que como veremos puede ser tan sencilla o tan complicada como el tribunal decida. Además, el temario para estudiar es menor que el exigido a los otros Cuerpos superiores, pero la diferencia tampoco es enorme. En conclusión, la impresión es que la diferencia de exigencias, que existe, no es muy excesiva y que si se dispone de experiencia, tiempo y ganas (además de cumplir con los requisitos de la convocatoria, como el nivel de estudios), se puede optar a cualquiera de las categorías.

Pero antes de decidir, también hay que sopesar de qué tipo de trabajo nos gustaría ocuparnos. Hay personas que prefieren el trato con los usuarios, los puestos sin grandes responsabilidades, las tareas comunes y asignadas sin tener que implicarse en líos administrativos. Estás personas tienen el puesto ideal como auxiliares y en estas ocupaciones pueden desarrollar su profesión con plena satisfacción. Otras personas adoran catalogar, por lo que el puesto de ayudante es el suyo, mientras que quienes quieren asumir puestos de gestión van a inclinarse por la opción de ser facultativos. No hace falta ni decirlo, ninguna opción es mejor que otra, hay profesionales válidos (y otros no tanto) en cada una de las categorías.

Otro aspecto a tener en cuenta es el organismo convocante. La oferta más amplia es la convocada por el Ministerio de Cultura, ya que abarca todo el Estado. Gran parte de las plazas ofertadas corresponden a la Biblioteca Nacional de España, pero también hay muchas reservadas para otros ministerios (por algún motivo, en los últimos años suelen abundar las del Ministerio de Defensa), a bibliotecas de museos nacionales y al CSIC. Por este motivo, la mayoría de los destinos tienen su sede en Madrid, pero puede ser que, dependiendo del puesto en el que hayas quedado, tengas que ir a cualquier ciudad de España, desde Mérida a Santander, pasando por Valencia o Toledo, y claro está Madrid, por lo que hay que tener en cuenta que si te presentas a las oposiciones del Estado debes estar dispuesta a trasladarte de localidad. También hay que tener en cuenta un factor no menor, y es que el Estado es la entidad que peor paga, con sueldos muy alejados de los que suelen ofrecer los ayuntamientos. De la misma manera, también hay grandes diferencias de sueldo entre las diferentes comunidades autónomas, por lo que antes de decidirse se puede consultar los salarios que se ofrecen.

La Biblioteca Nacional de España puede aparecer como la meca del bibliotecario. Sobre esto habría mucho que hablar, pero este no es el lugar oportuno para hacerlo. Lo que sí se puede señalar es que se trata de una institución tan grande que es casi un universo propio. Esto tiene ventajas, como una gran posibilidad de movilidad interna, y también ciertas desventajas, como una especialización que puede ser excesiva y que no es del gusto de todos los bibliotecarios, que prefieren un trabajo más variado. En ella se encuentran proyectos muy interesantes, posibilidades de aprendizaje, conocer a profesionales con una gran formación que pueden transmitir sus conocimientos, y por supuesto unos fondos sin comparación. También abundan las trabas administrativas y las dificultades para avanzar, ya que cada iniciativa tiene que pasar por multitud de trámites hasta su aprobación.

El trabajo en los ministerios y museos es por definición muy variado. Puede haber bibliotecas con poca actividad, ya que los usuarios externos suelen escasear, y otras más laboriosas, con altas exigencias por parte de los trabajadores de la institución. Algunas están puestas al día y desarrollan actividades punteras, y otras viven en cierta apatía con tareas acumuladas desde tiempos inmemoriales. Por eso, una vez más, es óptimo conocer los lugares de primera mano, o al menos obtener referencias de manera directa, para así hacerse una idea de lo que nos podemos encontrar y tomar así una decisión informada.

Por su parte, las entidades locales no suelen ofrecer muchas plazas de categorías superiores. De hecho, algunas comunidades se nutren principalmente de funcionarios del Estado a los que atraen con sus condiciones sin tener que pasar por todo el proceso de convocatoria de unas oposiciones propias. En cualquier caso, el mundo de las oposiciones locales es especialmente complejo, ya que entre las más de 4 000 bibliotecas públicas que hay en España[9] existe una diversidad enorme. Como las plazas son escasas, hay que tener particular atención a las condiciones que se plantean. En la jerga funcionarial existe la denominación de *bicho*, consistente en la figura de un empleado que ocupa un puesto de manera no definitiva y que es quien tiene todas las papeletas para llevarse la plaza una vez esta sea convocada, ya que hay maneras de redactar el perfil para que se ajuste a la persona a quien está destinado. Esto no es ningún secreto. En un ayuntamiento pequeño, por ejemplo, puede ser que la plaza que se convoque ya esté medio otorgada desde el principio, así que mejor ni molestarse.

De igual manera que las ofertas son muy diversas, también las funciones en las bibliotecas locales varían enormemente. Es habitual que haya un único bibliotecario ocupado de todo (la media española es de 2,3 bibliotecarios por biblioteca pública, por lo que en muchas Comunidades la media es todavía inferior), lo que hace que incluso un recién llegado tenga que ocuparse de la dirección de la biblioteca. Las personas a las que les gusta el contacto con el público, el desempeño multidisciplinar, las iniciativas personales, pueden encontrar en estas bibliotecas su verdadera vocación.

---

[9] https://www.fesabid.org/wp-content/uploads/repositorio/Informe-fesabid-v12-digital.pdf

Respecto a las bibliotecas universitarias, el perfil es totalmente diferente. Según el informe *El perfil de competencias de bibliotecarios*[10] elaborado por RE-BIUN (Red de Biblioteca Universitarias Españolas) el bibliotecario de universidades tiene que manejarse en diez competencias que atañen a su trabajo de diferente manera. En el mismo documento se puede consultar un reparto más detallado de cada competencia acorde con el grado personal:

A. Selección y difusión recursos documentales como apoyo para el aprendizaje
B. Selección y difusión recursos documentales como apoyo para la investigación
C. Búsqueda, recuperación, acceso y uso de información y documentación
D. Gestión y planificación de bibliotecas universitarias
E. Formación de usuarios y alfabetización informacional / Formación en competencias informacionales
F. Análisis de la actividad científica
G. Evaluación actividad investigadora
H. Organización de la información
I. Gestión de la información y la documentación
J. Gestión de colecciones

Como se ve, y como es lógico, se trata de un trabajo más enfocado a la enseñanza y la investigación, con especial atención a la formación y la Alfabetización Informacional. Por lo tanto, se trata de un puesto en el que la participación de la bibliotecaria va a ser más participativa en relación con las usuarias, que van a tener demandas muy específicas. Este papel tiene su mejor ejemplo en una figura que últimamente se está poniendo de moda, el *embedded librarian* o *bibliotecario incrustado*, dos denominaciones horribles que están a la espera de una mejor adaptación, pero que definen esa figura de la

---

[10] https://www.rebiun.org/sites/default/files/2017-11/IIIPE_Linea4_informe_competencias_REBIUN_2015.pdf

bibliotecaria que asiste de manera continuada a las alumnas e investigadoras en sus necesidades de documentación.

Teniendo claras estas particularidades entre los diferentes tipos de bibliotecas a las que puede optar la opositora de bibliotecas según sus preferencias, también hay que decir que a veces debemos conformarnos con lo que salga. En los últimos años la oferta de empleo público ha crecido y las opciones se han multiplicado, pero anteriormente se ha pasado por periodos de pertinaz sequía en los que había que dejarse de ser selectivos y luchar por lo que hubiera. De hecho, es bastante común que el opositor se presente a más de una oposición, ya que me estoy preparando para Auxiliar, digamos, voy a probar suerte también con Ayudante. O como tengo ya esto del Estado bastante avanzado, tengo que intentarlo también con la del Ayuntamiento. Esto es lógico y puede dar buenos resultados, pero también hay que tener algunas precauciones.

Como estamos viendo y desarrollaré más adelante, cada tipo de oposición es muy diferente, no ya entre escalas sino también entre instituciones, por lo que presentarse a todo lo que sale puede provocar una confusión mental que haga que ya no sepas ni a qué te has presentado. Es óptimo mantener cierta coherencia y no intentar abarcar mucho, porque la dispersión nunca es buena para afrontar un proceso tan medido como es el de unas oposiciones. Es mejor centrarse en un proceso determinado sumergiéndonos en sus características propias, aunque siempre podemos mantener la opción de concurrir a otro que por sus características tenga puntos en común, que ir probando suerte en multitud de procesos confiando en la base común. Es decir, si una institución convoca plazas de Auxiliar, Ayudante y Facultativo, podemos prepararnos para dos o incluso tres de estos cuerpos; y si mientras estamos preparando unas oposiciones de ayudantes para una Comunidad Autónoma, vemos que ha salido otra convocatoria para un ayuntamiento, podemos valorar echar la solicitud. Pero tener el calendario lleno de citas que tenemos que revisar para recordar de cuál se trataba no es una buena idea.

OPOSICIONES Y CONCURSOS

Respecto a los modelos de oposiciones, como decía, hay dos tipos generales, la oposición y el concurso-oposición. La oposición consiste en la superación de pruebas o exámenes eliminatorios, que pueden ser uno o varios, y de diferentes tipos en función del cuerpo o categoría al que se pretende acceder[11]. En el caso de las bibliotecas, como veremos en detalle en los siguientes capítulos, las pruebas de acceso suelen incluir al menos dos de las siguientes pruebas: cuestionarios tipo test, desarrollo de temas, ejercicio práctico, catalogación, exámen oral, supuestos prácticos e idiomas.

En el concurso-oposición hay una fase de oposición y una fase de concurso, en la que se valoran méritos de los participantes en el proceso, como su experiencia profesional, antigüedad en la Administración, títulos académicos, formación, etc. Los puntos obtenidos no sirven para aprobar el proceso ni para descalificar del mismo, sino para establecer el orden final entre los opositores que han superado las oposiciones. Este tipo de modelo es el utilizado en los procesos de promoción interna y también es usado por algunas instituciones para consolidar plazas. En este último caso hay que tener en cuenta que aunque siempre es necesario pasar las pruebas de oposición, el trabajador que ya tenga experiencia en la institución va a tener todas las de ganar a la hora de obtener la plaza. Sin embargo, el nuevo pretendiente siempre puede entrar en bolsas de trabajo o interinidades, que a su vez le facilitarán las cosas cuando en el futuro se convoquen nuevas plazas por el sistema de concurso-oposición.

[11]  https://www.hacienda.gob.es/es-ES/Empleo%20Publico/Paginas/procesos-selectivos.aspx

EMPLEADOS PÚBLICOS

En el Real Decreto Legislativo 5/2015, de 30 de octubre, por el que se aprueba el texto refundido de la Ley del Estatuto Básico del Empleado Público[12] vienen recogidos todos los derechos y deberes de los empleados, como también sus características. Existen cuatro escalas diferentes: funcionarios de carrera, funcionarios interinos, personal laboral y personal eventual.

Artículo 9. Funcionarios de carrera.

1. Son funcionarios de carrera quienes, en virtud de nombramiento legal, están vinculados a una Administración Pública por una relación estatutaria regulada por el Derecho Administrativo para el desempeño de servicios profesionales retribuidos de carácter permanente.

2. En todo caso, el ejercicio de las funciones que impliquen la participación directa o indirecta en el ejercicio de las potestades públicas o en la salvaguardia de los intereses generales del Estado y de las Administraciones Públicas corresponden exclusivamente a los funcionarios públicos, en los términos que en la ley de desarrollo de cada Administración Pública se establezca.

Es decir, los funcionarios de carrera son aquellos que tienen un puesto fijo en la administración y que acceden a través de una oposición. Dependiendo de la prueba realizada se dividen en diferentes grupos en los que se establece el cargo y el nivel a ocupar. Cuanto mayor es el cargo más grande es la responsabilidad.

- Grupo A: personas que en posesión de un título universitario de Grado o equivalente realizan un examen que se vincula con la categoría A1 y A2.
- Grupo B: Se exige tener un título de Técnico o superior.

---

[12] https://www.boe.es/buscar/act.php?id=BOE-A-2007-7788

- Grupo C: Se divide en dos subgrupos, C1 y C2. Para el primero se exige el título de bachiller o técnico, para el segundo el título de graduado en educación secundaria obligatoria.

Artículo 10. Funcionarios interinos.

1. Son funcionarios interinos los que, por razones expresamente justificadas de necesidad y urgencia, son nombrados como tales para el desempeño de funciones propias de funcionarios de carrera, cuando se dé alguna de las siguientes circunstancias:

a) La existencia de plazas vacantes cuando no sea posible su cobertura por funcionarios de carrera.
b) La sustitución transitoria de los titulares.
c) La ejecución de programas de carácter temporal, que no podrán tener una duración superior a tres años, ampliable hasta doce meses más por las leyes de Función Pública que se dicten en desarrollo de este Estatuto.
d) El exceso o acumulación de tareas por plazo máximo de seis meses, dentro de un periodo de doce meses.

La descripción continúa, pero en resumen las funcionarias interinas son aquellas que ocupan una plaza de funcionaria por tiempo limitado, normalmente son seleccionadas entre los mejor situados en un proceso de oposiciones pero que no llegaron a ganar una plaza. Se las nombra para desempeñar las competencias propias de una funcionaria de carrera cuando existen plazas vacantes sin ocupar, como sustitución por tiempo limitado de las titulares, para la ejecución de proyectos de carácter temporal y cuando se produce un exceso o acumulación de tareas. Por ley, estos puestos deberían ser excepcionales y temporales, y de hecho la justicia europea ha urgido al Estado español para que acabe con la situación de interinidad de sus empleados públicos, una situación sangrante especialmente en casos como la sanidad o la educación. En bibliotecas el panorama no es tan dramático, pero en algunas instituciones sí es habitual el abuso de la figura de la funcionaria interina que se puede eternizar en un puesto sin que durante años se publique la convocatoria para ocupar la plaza de manera permanente.

Por su parte, a excepción de en algunas universidades, el personal laboral no tiene que superar ninguna oposición, aunque sí puede someterse a pruebas para subir de nivel. Cada vez se recurre menos a esta figura para cubrir puestos. En cuanto al personal eventual, como dice la Ley, se dedica a labores de asesoramiento y tiene un perfil muy definido que no debe preocupar al opositor en estos momentos.

LA CONVOCATORIA

Una vez publicada la convocatoria, es importante leerla detenidamente. Siempre están redactadas con un estilo formal y burocrático, a menudo farragoso y que invita a saltarse párrafos, pero es conveniente dedicarle un tiempo de análisis para no pasar por alto información importante. Lo primero es saber si se ajusta al perfil de la persona interesada, ya que hay grandes diferencias entre las demandas exigidas para bibliotecas y es apropiado saber cuál es más acorde con el perfil propio, teniendo en cuenta la formación personal y los intereses particulares.

En las bases de la convocatoria se detallan el número de plazas, los requisitos que deben cumplir los aspirantes (como tener la nacionalidad española o el nivel de estudios exigidos), las diferentes fases de evaluación y las materias sobre las que versará, además de los méritos a tener en cuenta en el caso de que haya una fase de concurso, el sistema de puntuación, quiénes compondrán el tribunal calificador, etc. Normalmente la inscripción consiste en el pago de unas tasas, método que se puede cumplimentar telemáticamente o en las oficinas señaladas.

Más adelante se darán a conocer las listas con todos los aspirantes, admitidos y excluidos. Aunque el sistema de registro es sencillo, no es infrecuente que algún despiste lleve a cometer un error y la inscripción sea rechazada. Una vez publicada la lista, los aspirantes tendrán un plazo para subsanar errores si los hubiera. En este momento también se publican el lugar y fechas de los exámenes. Hay que tener especial cuidado con las fechas límites de inscripción y por si acaso no esperar hasta el último día. Las solicitudes que hayan sobrepasado la fecha límite serán descartadas sin posibilidad de subsanación: se puede reclamar, alegar o aportar méritos, pero no modificar lo ya expuesto en la solicitud.

FASES DE OPOSICIÓN Y DE CONCURSO

En esta fase se desarrollarán aquellos conocimientos correspondientes a la categoría que hayamos elegido. La oposición puede constar de diferentes partes escritas, orales o prácticas e incluir pruebas de idiomas, todo lo cual desarrollaré en los próximos capítulos.

Una vez realizadas las pruebas se inicia la fase de concurso, donde se tienen en cuenta la formación y experiencia laboral de los aspirantes al cargo. En la formación se valorarán los cursos especializados en la materia (sobre todo los que estén certificados por la administración pública), los proyectos de innovación o de investigación desarrollados en el centro de trabajo, publicación de artículos o libros y nivel de idiomas. En la experiencia laboral se valorará el hecho de haber trabajado en puestos con características y responsabilidades similares a la plaza a ocupar, o si fuera el caso, la experiencia previa del mismo puesto al que se opta.

PROVISIÓN DE PLAZAS

Después de la fase de oposición, con sus correspondientes exámenes, y la fase de valoración de méritos, tanto formativos como de experiencia laboral, se elabora un listado con las notas de los aspirantes a la plaza. Esta nota se calcula a partir del resultado obtenido al aplicar el porcentaje de la fase de oposición y la fase de concurso. La lista resultante con las notas definitivas y el consiguiente orden de aspirantes se publicará en los tablones de las correspondientes administraciones públicas y en la página web de la administración convocante. Existe un periodo de reclamación posterior a la publicación de las notas y el orden propuesto de aspirantes. Tras este trámite, se publican las listas definitivas en el boletín correspondiente con los nuevos funcionarios y la plaza a ocupar.

Y después de esta información administrativa y formal, vamos a entrar en materia sin más dilación.

# El test

Tradicionalmente, el examen tipo test ha sido la prueba más utilizada para las oposiciones a Auxiliar de bibliotecas, pero algunas instituciones ya hace tiempo que lo usan también para Ayudantes y en las últimas convocatorias de Ayudantes[13] y Facultativos[14] el Ministerio de Cultura, hasta el momento el más reacio a utilizar este tipo de exámenes, lo ha incluido en sus pruebas selectivas. Por lo tanto, se trata del modelo de prueba más común y que al parecer va a afectar a todas las escalas de bibliotecarios, así que voy a dedicarle a esta modalidad de examen la parte más extensa de esta *Guía*.

Como cada una de las pruebas que vamos a ver, el test exige unas técnicas de estudio propias. Es importante tener esto en cuenta, porque no es raro encontrarse con un opositor acostumbrado a preparar unas oposiciones que demandan el desarrollo de temas y que mantiene su estilo de estudio aunque se vaya a enfrentar a un test, o viceversa.

Aunque es el tipo de prueba mayoritario también en casi todos los cuerpos de la administración, al parecer no cuenta con la simpatía de muchas aspirantes a bibliotecarias, que prefieren el desarrollo de temas y que temen el consabido «puede caer cualquier cosa» o el no menos terrible «lo han puesto muy difícil». Bien, lo primero es cierto, dentro del marco del temario de la oposición, pero tampoco es necesario que lo sepamos todo, todavía no se co-

---

[13] https://www.culturaydeporte.gob.es/servicios-al-ciudadano/catalogo/empleo-publico/personal-funcionario/ayudantes-archivos-bibliotecas-museos.html

[14] https://www.culturaydeporte.gob.es/cultura/museos/sc/empleo-publico/facultativos-archivos-bibliotecas-arqueologos.html

noce el caso de alguien que haya acertado todas las preguntas de un test. De hecho, voy a aprovechar para lanzar una idea muy importante que normalmente no se verbaliza, pero que en algunos casos puede ser de mucha ayuda: no hay que pasarse estudiando. Esto puede parecer contraintuitivo, pero como bien saben los deportistas, el exceso de preparación puede ser tan perjudicial como dejarse llevar por la pereza. Conozco más de un caso de personas tan dedicadas al estudio, tan obsesionadas con que no se les escape ni el menor dato recóndito, que cuando llega el momento del examen no solo están exhaustas física e intelectualmente, sino que han perdido los conocimientos básicos en un marasmo de conocimientos superfluos.

Respecto al nivel de dificultad de la prueba, parece que se olvida que es el mismo para todas las opositoras, por lo que solo significa que si el cuestionario es sencillo la nota de corte será muy alta, mientras que si es muy rebuscado la nota de corte bajará hasta el nivel que se consideré oportuno para que pasen a la siguiente fase el número de opositoras que se considere conveniente. Porque un test no se aprueba con un 5, sino que hay ocasiones en los que por debajo de esta nota se pasa a la siguiente fase y otras en las que hay que tener una puntuación mucho más alta para poder obtener el aprobado.

Una de las cuestiones previas más habituales es: «¿respondo a todas las preguntas o mejor sigo una técnica conservadora y voy a lo seguro?». Pues bien, las condiciones de la prueba suelen variar, hay veces en las que se dan tres opciones y otras cuatro, y la penalización por equivocarse también es diferente, puede ir de un cuarto de punto a un tercio, esto hay que valorarlo. Pero como consejo general, y usando un mecanismo simplemente probabilístico, lo mejor es que si se duda entre dos respuestas, te arriesgues con señalar una, ya que tienes un 50 % de probabilidades de acertar y el posible beneficio es mayor que la pérdida[15].

Por otro lado, si no se tiene ni idea, lo lógico es no responder. Cuando aparecen las listas de admitidos a una oposición puede abrumarnos la canti-

---

[15] Planteemos de una manera sencilla: hay dos preguntas en las que dudas al 50 %, respondes a las dos, fallas una y aciertas la otra. En total habrás ganado 0,75 puntos. No creo que esto se pueda considerar matemáticas exactas, pero es lo más próximo que tenemos a un método eficaz.

dad de rivales con la que nos vamos a enfrentar, pero de estos hay que eliminar a una gran cantidad de postulantes que ni tan siquiera se van a presentar el día del examen y otro grupo no minoritario de conocidos como «quinielistas», esos que van después de haberse leído por encima y a desgana el temario y que lo confían todo a la suerte. Pero si ya es difícil acertar una quiniela de quince resultados, una de cien es imposible. Así que nosotros debemos olvidarnos de intuiciones y sortilegios y basarnos solo en nuestros conocimientos. Si lo sabes, lo sabes; si no, pasa a la siguiente.

Por cierto, otro consejo general. Hay que tener en cuenta que en los tests un factor clave es el tiempo. El margen que se ofrece para completar el ejercicio también es variable, pero suele ser muy ajustado y no deja espacio para la reflexión, así que lo mejor es seguir una técnica metódica que no nos haga perder ni un minuto. Una vez frente al examen, mi opinión es que la mejor opción es realizar una primera pasada en la que solo contestemos las preguntas de las que estemos cien por cien seguros. Esto no significa ir pasando páginas y marcando X, hay que leer con detenimiento cada pregunta (ver más abajo), pero si conocemos una respuesta más allá de toda duda, la señalamos y seguimos adelante. Nos gustaría demorarnos en cada pregunta y valorar cada posibilidad, pero como decía, por desgracia el tiempo es limitado y no podemos perdernos en divagaciones. En una segunda pasada nos detendremos en las preguntas en las que teníamos alguna duda y será la hora de decidirse siguiendo el principio que acabo de comentar y valorando las pistas que expondré en el siguiente apartado. Si todavía tenemos tiempo, podremos utilizarlo para una tercera revisión en la que valoraremos si merece la pena correr el riesgo, o si de pronto hemos tenido una iluminación. Aunque no recomiendo fiarse mucho de estas intuiciones, tópicos como «la primera impresión es la que vale» no tienen ningún rigor, aunque es cierto que a veces en la primera lectura se nos ha pasado algo por alto que en la revisión se nos aparece claramente y que nos puede valer algún punto.

No debemos olvidar que los test se construyen con un cuerpo general de preguntas más o menos comunes aderezadas por algunas más enrevesadas que sirven para subir la nota. Teniendo en cuenta que el mayor porcentaje de las cuestiones pertenecen al grupo que llamaremos «general», es evidente que será a estas preguntas a las que deberemos dedicar más tiempo de estudio, mientras que las otras, más imprevisibles, por definición tienen que venir de lecturas más amplias pero menos intensas. Es decir, hay algunos temas que hay que estudiar de manera impepinable y dedicarles una atención constante, pero es imposible mantener esta intensidad con todo el temario, por lo que es perentorio saber distinguir y no desfondarse almacenando conocimientos que como mucho pueden valer para subir unas décimas que no van a servir de nada si quedamos mal en el grueso de la prueba.

Mi primera recomendación para preparar un test es que, siempre que sea posible, se acuda a las fuentes primarias. Esto es especialmente útil en el caso de la legislación. De poco va a servir un tema elaborado por una academia para estudiar la Constitución, pongamos por caso. No queda otra que leerse la propia Constitución una y otra vez, seleccionando los puntos más importantes, memorizando formas de expresión, números, fechas. Esto no se puede resumir, pero sí sacar los datos que van a suponer la base de nuestro estudio. Podríamos hablar de hacer «minería de datos», un concepto también muy de moda en la biblioteconomía y que se ajusta con precisión a la primera tarea del opositor: coger un texto, estudiarlo con atención y sacar de ahí toda la información que nos va a ser útil durante la preparación.

Siguiendo con el ejemplo de la Constitución, podemos aplicar lo que decía un poco más arriba sobre la necesidad de seleccionar los datos importantes. Sí, hay que leer todos los artículos y tener una visión general, pero deberemos centrarnos con los puntos dedicados especialmente a la cultura, que serán los que con más probabilidad aparezcan en el examen y que se citan especialmente en el Título Preliminar y en los Títulos I, VII y VIII[16].

Una ventaja del test respecto al desarrollo de temas es que no tenemos que entender nada de lo que estamos estudiando. Incluso me atrevería a decir que cuanto menos intentemos comprender, mejor. Hay que hacer un borrado del disco duro, o por usar una imagen más moderna y quizá más apropiada, despejar la nube, y limitarnos a poblarla de datos. Con las fuentes de información

---

[16]  https://www.culturaydeporte.gob.es/dam/jcr:b3481d84-0de6-4786-8707-920a5b933b1c/la%20cultura%20y%20el%20patrimonio%20en%20la%20constituci%C3%B3n.pdf

de cada tema en una mano y un cuaderno en la otra, ir apuntando todo lo que creemos que puede caer en el test: fechas, nombres, organizaciones, definiciones, artículos. Leerlos una y otra vez, inventarse trucos mnemotécnicos, repasarlos, darles la vuelta, volver a escribirlos, ahora con los ojos cerrados... Lo confieso, para mí los tests son incluso divertidos.

Y uno de los momentos más, no diré apasionantes, pero sí entretenidos de la preparación de la prueba es realizar simulacros. Además de algunos manuales con cuestionarios preparados por academias, internet está lleno de pruebas de todo tipo, incluso hay apps especializadas en cuestionarios de la Administración. En el caso de las bibliotecas, es especialmente útil la página web *Glosario de bibliotecas*[17], en la que se encuentran gran cantidad de exámenes de las diferentes administraciones de España desde 2008 y que puede ser muy útil a la hora de familiarizarnos con el tipo de test que suele utilizar la institución a la que nos vamos a presentar. Otra página ineludible para cualquier opositor de bibliotecas es *Bibliopos*[18], en la que se encuentran todo tipo de recursos de utilidad. Además, ambos sitios son gratuitos. Vayamos ahora con los tipos de preguntas que podemos encontrarnos divididos en los cinco grandes bloques temáticos: Legislación, Biblioteconomía, Bibliografía y Documentación, Tecnologías de la Información e Historia del libro y de las Bibliotecas.

## LEGISLACIÓN

Como acabo de decir, en la Legislación es especialmente recomendable tirar de las fuentes primarias. Para ello, una herramienta de indudable utilidad es el Código de Legislación Bibliotecaria[19], con el que podemos conocer de manera directa todas las leyes que afectan a nuestro campo. Además, en esta página del BOE podemos suscribirnos a las alertas de correos que avisen sobre mo-

[17]  https://glosariobibliotecas.wordpress.com/
[18]  https://www.bibliopos.es/
[19]  https://www.boe.es/biblioteca_juridica/codigos/codigo.php?id=024_Codigo_de_Legislacion_Bibliotecaria&modo=2

dificaciones y derogaciones de leyes, para que no nos pille con el pie cambiado una actualización.

Cada convocatoria tiene sus propias características, pero hay algunos puntos que se repiten y que tienen una importancia nuclear. Reitero que el grueso del bloque lo supone el estudio de la Constitución, que suele abarcar múltiples temas y al menos una pregunta de cada uno va a caer, por lo que no me cansaré de repetir la necesidad de dedicar una especial atención a este texto fundamental. Sí, muchas veces pensaremos que para qué quiero saber el artículo preciso en el que se menciona al Consejo de Estado, pero hemos elegido ser opositores así que no nos queda otra. Y de todas maneras, después del examen viene otra limpieza del disco duro y a las pocas semanas ya no recordaremos nada.

A continuación vamos a ver algunas preguntas habituales en los tests de oposiciones para Bibliotecas que además de señalar casos concretos referentes a cada uno de los apartados que conforman los bloques servirán para conocer algunas pistas generales que puedan ayudar a organizar el estudio y a resolver dudas a la hora de realizar el examen. Empezamos, como no podía ser de otra manera, con la Constitución.

*¿Cómo se titula el Capítulo 2º, del Título I de la Constitución Española?:*

A) De los Derechos fundamentales y de las libertades públicas.
B) Derechos y libertades.
C) De los Derechos y deberes de los ciudadanos.

Aquí vemos una de las típicas trampas que tanto gustan a los redactores de tests: es habitual que los Títulos y Capítulos de la Constitución comiencen con un «De...», por lo que intuitivamente íbamos a descartar la opción B, que sin embargo es la correcta. Eso nos lleva a reflexionar sobre uno de los puntos clave de la solución de los tests, y es que nunca debemos dar nada por supuesto. De hecho, voy a soltar ya otra de las ideas-fuerza que se repiten una y otra vez, pero que vistos los resultados hay que seguir reiterando: hay que leer bien las preguntas. HAY QUE LEER BIEN LAS PREGUNTAS. Y es que parece que da igual que se diga una y otra vez, que lo demos por hecho, quizá precisamente porque lo damos por hecho, pero siempre resulta que hay alguna pregunta que no hemos leído bien y que nos lleva a cometer un error absurdo. ¡Lee bien la pregunta!

Otra pregunta recurrente:

*De acuerdo con lo establecido en la Constitución Española de 1978, ¿cuál de las siguientes funciones NO corresponde al Rey?*

A) Nombrar y separar a los miembros del Gobierno, a propuesta de su Presidente.

B) Sancionar y promulgar las leyes.

C) Ejercer el derecho de gracia con arreglo a la ley.

D) Dirigir la administración militar.

Las temidas preguntas que incluyen un NO en su enunciado. Aquí el NO está en mayúsculas, pero de nuevo es importante leer bien, porque podemos saltárnoslo con facilidad y ya la hemos fastidiado. Como al estudiar nos fijamos en las cosas que SÍ, cuando nos encontramos una de estas formulaciones negativas podemos sufrir un pequeño cortocircuito, pero sencillamente tenemos que darle la vuelta a las opciones y excluir al intruso. En este caso es una pregunta sencilla, la respuesta correcta es la D, y aunque no lo supiéramos podríamos sacarlo por sentido común. Pero ¡atención!, recurrir al sentido común es muy peligroso. Muchas veces podemos pensar que una pregunta cae por su propio peso, pero si realmente no lo sabemos a ciencia cierta, no deja de ser arriesgado confiar en la lógica. Después de todo, estamos hablando de la administración española, así que cualquier cosa es posible.

Otras cuestiones que siempre van a aparecer son las dedicadas a la Unión Europea. El corpus legislativo a este respecto es inmenso, por lo que no tenemos que volvernos locos y ponernos a investigar los tratados y leyes como si fuéramos a presentarnos a Abogado General en Bruselas o algo así. El completo pero no abrumador documento *Funcionamiento de la Unión Europea*[20] elaborado por el Parlamento Europeo debería ser suficiente para tener todos los datos que vamos a necesitar en una oposición de las características de la de bibliotecarios.

Ahora os voy a contar un secreto que mejor que no se lo digáis a nadie (ya dijo Azaña que en España si quieres mantener un secreto, ponlo en un libro). Un recurso que puede parecer vergonzante pero que en realidad puede ser muy útil es Wikipedia. Todos sabemos que tiene artículos muy bien desarrollados, y el dedicado a la Unión Europea es un buen ejemplo. De él podemos sacar datos básicos y una idea panorámica que nos guíe para consolidar la información que nos va a ser útil. En realidad, Wikipedia es más apropiada para otros temas que no son los de Legislación, pero en este caso puede valer. Además, los redactores del test también tienen que sacar las preguntas de algún lado...

*El 7 de febrero de 1992 se firmó el Tratado de la Unión Europea, ¿en qué ciudad se rubricó?*

A) Roma
B) Maastricht
C) París
D) Londres

De este tipo de cuestiones seguro que cae alguna, y la recolección de datos es la básica que ya he comentado: lugares y fechas. Esto tenemos que tenerlo clarísimo. En nuestro cuaderno de notas (o nuestro fichero electrónico co-

---

[20] https://www.europarl.europa.eu/factsheets/es/chapter/209/funcionamiento-de-la-union-europea

rrespondiente), en el apartado dedicado a la Unión Europea, fechas y ciudades de tratados, un punto fijo en la quiniela.

Dentro del bloque de Legislación, otro documento del que no vamos a poder escapar es el Estatuto Básico del Empleado Público[21], el notorio EBEP. Seguramente en unos años muchos de los puntos tratados en esta *Guía* habrán quedado obsoletos, aunque estoy tratando de dejarla lo más atemporal posible. Quizá incluso la Constitución haya cambiado. Pero aunque siempre se está anunciando la reforma radical del EBEP, podemos apostar a que ahí seguirá, inamovible. Por eso no vamos a poder escaparnos y tendremos que estudiarlo como la Constitución, atentos a los detalles y aprendiendo datos que más tarde, ya como funcionaria, nadie te sabrá replicar. Se trata de un texto árido y prolijo, no vamos a engañarnos, pero también disponemos de múltiples tests en línea con los que podemos jugar.

*El personal que es nombrado para desempeñar puestos de especial confianza o asesoramiento es denominado en el Estatuto Básico del Empleado Público como:*

A) Personal con relación de servicios especiales
B) Personal laboral de régimen especial
C) Personal eventual
D) Personal funcionario de carrera de especial confianza

Cuando dentro de poco la Inteligencia Artificial se ocupe de redactar los tests basándose en ejercicios previos, este será el tipo de preguntas que continuará apareciendo, y aunque en las fases previas parezcan un misterio, una vez estemos acostumbrados a realizar tests de prueba como quien hace sudokus, las podremos resolver sin dudar ni un instante. De hecho, ya hemos visto la solución a esta cuestión un poco más arriba, ¿alguien se acuerda?

---

[21] https://www.boe.es/buscar/act.php?id=BOE-A-2015-11719

Similar al caso del EBEP es el de Ley del Procedimiento Administrativo Común de las Administraciones Públicas[22], una Ley con 133 artículos, ocho disposiciones adicionales, cinco disposiciones transitorias, una disposición derogatoria, y siete disposiciones finales (esto de saber el número de títulos, capítulos, artículos y disposiciones es uno de los datos que hay que saber, es un conocimiento que no sirve para absolutamente nada, pero que te solventa una pregunta). Como se ve, se trata de un documento extenso y no precisamente ameno, pero tiene una estructura que ya de por sí parece definida para un test y que no nos va a quedar más remedio que leer con atención, seleccionar y poner a prueba con tests en línea. Veamos:

*Según la Ley 39/2015, del Procedimiento Administrativo Común de las Administraciones Públicas, en la Sección 4ª, Artículo 95, Requisitos y efectos: «En los procedimientos iniciados a solicitud del interesado, cuando se produzca su paralización por causa imputable al mismo, la Administración le advertirá que, transcurridos tres meses, se producirá... »*

A) El desistimiento del procedimiento
B) La renuncia del procedimiento
C) La resolución del procedimiento
D) La caducidad del procedimiento

Se trata de una pregunta larga que tendremos que leer con atención no una, sino varias veces. Y además las respuestas nos parecen muy similares. Este es el tipo de cuestión que mejor dejamos para un segundo repaso. De primeras, podemos descartar la tercera opción, ya que está claro que el procedimiento no se ha resuelto. Nos quedamos con desestimiento, renuncia o caducidad. Hay ocasiones en las que la redacción del propio enunciado nos puede dar alguna pista y otros casos en los que la misma coherencia gramati-

[22] https://www.boe.es/buscar/act.php?id=BOE-A-2015-10565

cal puede ayudar, pero en esta pregunta nos lo han puesto difícil. En la Ley hay tantas variables y opciones que no podemos confiar solo en el denominador común, así que en un caso como este, en el que tenemos tres opciones viables, o se está muy seguro de recordar la respuesta correcta o es mejor dejarlo pasar.

Con los Presupuestos Generales del Estado entramos en materia económica, lo cual a muchos les parecerá todavía más agobiante, y además no podemos recurrir a una ley concreta para efectuar el estudio, ya que las leyes que se promulgan anualmente no sirven para ayudarnos en la preparación. Sin embargo, al tratarse de un tema transversal, que afecta a todas las oposiciones de la Administración, podemos encontrar en internet numerosos temas y tests dedicados a la materia que nos serán de mucha ayuda. No se trata de uno de los capítulos básicos, ya que no caerá más de una pregunta, pero es importante tener una idea clara de sus aspectos fundamentales.

*El proyecto de ley de Presupuestos Generales del Estado integrado por el articulado con sus anexos y los estados de ingresos y gastos, con el nivel de especificación de créditos establecidos en los artículos 40 y 41 de la Ley General Presupuestaria, se remitirá a las Cortes Generales antes del día:*

A) 1 de octubre del año anterior al que se refieran
B) 31 de octubre del año anterior al que se refieran
C) 1 de agosto del año anterior al que se refieran
D) 31 de agosto del año anterior al que se refieran

Como vemos, el patrón se repite: aquí lo importante es recolectar y memorizar fechas. En una (o varias) lecturas de la ley va a ser difícil retener tantos datos, pero realizando tests una y otra vez, con las preguntas más habituales siempre repetidas, uno acaba quedándose con el nombre o la cifra casi sin querer y en el momento del examen le sale de manera automática.

También dentro del apartado de Economía se encuentra la Ley de Contratos del Sector Público[23], un tema al que cada vez se da más importancia pero que afecta sobre todo a las categorías superiores, en las que los temas de Gestión tienen una importancia preponderante, así que se trata de una sección más específica para aspirantes a Facultativos. En cualquier caso, se trata de una Ley enjundiosa que al parecer ni los propios expertos comprenden muy bien (algo similar a lo que sucede con la Ley de Propiedad Intelectual). Por eso mi consejo es el mismo que vengo reiterando: hay que repasarla y quedarse con los datos básicos, pero no perder la cabeza pretendiendo quedarse con todo. Y mucho menos intentar comprenderla. Una cuestión habitual:

*Sin perjuicio de lo dispuesto en el artículo 229 en relación con las obras, servicios y suministros centralizados en el ámbito estatal, se consideran contratos menores los contratos de valor estimado:*

A) inferior a 30 000 euros, cuando se trate de contratos de obras, o a 15 000 euros, cuando se trate de contratos de suministro o de servicios

B) inferior a 20 000 euros, cuando se trate de contratos de obras, o a 10 000 euros, cuando se trate de contratos de suministro o de servicios

C) inferior a 40 000 euros, cuando se trate de contratos de obras, o a 15 000 euros, cuando se trate de contratos de suministro o de servicios

D) inferior a 50 000 euros, cuando se trate de contratos de obras, o a 20 000 euros, cuando se trate de contratos de suministro o de servicios

Reconozco que al buscar un ejemplo he encontrado una pregunta tan enrevesada que además de leer el enunciado tres veces he tenido que leer la respuesta otras tantas ocasiones... Y seguía sin comprenderlo. En esos casos, lógicamente, lo mejor es obviar por completo la pregunta, si acaso dedicarle unos segundos a la memoria de los parientes del redactor, y continuar. El ejemplo por el que he optado finalmente es mucho más claro. Personalmente

---

[23]  https://www.boe.es/buscar/act.php?id=BOE-A-2017-12902

no le dediqué más tiempo a la Ley de Contratos que el necesario para conocer las diferentes modalidades, algunas cantidades importantes y datos que me parecieron que podrían ser útiles. Con ese poco estudio de la Ley de Contratos habría acertado la respuesta a la pregunta propuesta. Aunque le hubiera dedicado un estudio exhaustivo, no habría sido capaz de resolver la cuestión que he decidido omitir: una vez más, es importante subrayar la importancia de la gestión del tiempo y de dedicarle nuestra atención a lo que realmente va a ser útil.

Los siguientes apartados legislativos están dedicados a las leyes de igualdad, que son relativamente recientes y por lo tanto no tenemos el amplio bagaje del que podíamos aprovecharnos hasta ahora. Estos documentos incluyen la Ley para la igualdad efectiva de mujeres y hombres[24], la Ley de Medidas de Protección Integral contra la Violencia de Género[25] y las recientes Ley integral para la igualdad de trato y la no discriminación[26] y Ley para la igualdad real y efectiva de las personas trans y para la garantía de los derechos de las personas LGTBI[27].

---

*Conforme con la Ley Orgánica 3/2007, de 2 de marzo, para la igualdad efectiva de mujeres y hombres. Señale la respuesta correcta.*

A) Los proyectos de disposiciones de carácter general y los planes de especial relevancia económica, social, cultural y artística que se sometan a la aprobación del Consejo de Ministros deberán incorporar un informe sobre su impacto por razón de género

B) Los proyectos de disposiciones de carácter reglamentario y los planes de especial relevancia económica, social, cultural y artística que se sometan a la aprobación de los ministerios competentes deberán incorporar un informe sobre su impacto por razón de género

---

[24] https://www.boe.es/buscar/act.php?id=BOE-A-2007-6115
[25] https://www.boe.es/buscar/act.php?id=BOE-A-2004-21760
[26] https://www.boe.es/buscar/act.php?id=BOE-A-2022-11589
[27] https://www.boe.es/buscar/act.php?id=BOE-A-2023-5366

C) Las proposiciones de ley formuladas en el Congreso de los Diputados por los grupos parlamentarios deberán incorporar un informe sobre su impacto por razón de género

D) Los proyectos de disposiciones de carácter reglamentario y los planes de organización institucional que se sometan a la aprobación del Consejo de Ministros deberán incorporar un informe sobre su impacto por razón de género

Aquí vemos claramente que hay un intruso: tres opciones muy similares y una cuarta que se aleja del estilo del enunciado. Esta no es siempre una regla válida, pero podemos asumir que la duda está entre las tres opciones que se parecen. Como se ve, el demonio está en los detalles. De hecho, lo que va a marcar el éxito en las oposiciones está simplemente en eso, en los detalles que pueden pasarnos inadvertidos, pero que van a suponer la diferencia entre pasar al siguiente nivel o esperar una nueva oportunidad. Por eso, a la hora de realizar el estudio, no debemos conformarnos con una idea general, como se podría hacer al preparar el desarrollo de temas, sino que debemos estar atentos a matices y fórmulas de expresión. En la cuestión expuesta, la respuesta correcta es la A, y la clave la da el carácter general y el Consejo de Ministros. Son estos cientos de pequeños datos que pueden parecer irrelevantes los que tienen que concentrar toda nuestra atención.

Tras estos temas importantes pero más propios del Cuerpo General Administrativo, empezamos con otra sección que sí va a ser de la máxima relevancia para las bibliotecarias: el patrimonio histórico. Como sucede con la Constitución, el opositor debe saberse la Ley del Patrimonio Histórico Español[28] de principio a fin. Por cierto, que a veces podemos soslayar datos tan básicos como la fecha de la Ley, pero no es improbable que se pregunte por la misma, en este caso por ejemplo se trata de la Ley 16/1985, de 25 de junio. Pero otras preguntas no son tan sencillas:

---

[28] https://www.boe.es/buscar/act.php?id=BOE-A-1985-12534

*Según la ley 16/1985, de 25 de junio, del Patrimonio Histórico Español forman parte del Patrimonio documental:*

A) Los documentos con una antigüedad superior a los cien años generados, conservados o reunidos por cualesquiera otras entidades particulares o personas físicas

B) Los documentos con una antigüedad superior a los cuarenta años generados, conservados o reunidos por cualesquiera otras entidades particulares o personas físicas

C) Los documentos con una antigüedad superior a los cien años generados, conservados o reunidos en el ejercicio de sus actividades por las entidades y asociaciones de carácter político, sindical o religioso y por las entidades, fundaciones y asociaciones culturales y educativas de carácter privado

D) Los documentos de cualquier época conservados o reunidos por cualesquiera otras entidades particulares o personas físicas

De nuevo el redactor ha jugado hábilmente con conceptos similares que nos suenan para que no sea suficiente con haber leído el texto, sino que sea necesario un desmigaje cuidadoso del contenido. A estas alturas la preparación puede parecer engorrosa, pero ciertamente no es para tanto. La Ley 16/1985, que por cierto es excelente y por eso se ha mantenido durante tanto tiempo, es de las que están redactadas como pidiendo un test y su estudio no ofrece mayores complicaciones que la repetición de la lectura y la realización de tests en línea. Incluso realizar el mismo test una y otra vez hasta que lo hagas perfecto, es más que factible.

La Ley de la lectura, del libro y las bibliotecas[29] es obviamente ineludible y se merece un buen repaso. Además, cada Comunidad Autónoma suele contar con su propia norma regional, que también puede afectar a la aplicación autonómica del depósito legal, por lo que habrá que estar atentas a la legislación

---

[29]  https://www.boe.es/buscar/act.php?id=BOE-A-2007-12351

que afecta a cada convocatoria específica. También tiene gran relevancia la Ley de Propiedad Intelectual[30], una de las normas con las que la bibliotecaria sí que va a trabajar de manera cotidiana y que van a suponer una base sólida para el desarrollo de sus labores. Pero en cualquier caso, aquí estamos para aprobar una oposición, así que debemos centrarnos en lo que vengo repitiendo en las últimas páginas, datos, fechas, características concretas. Creo que ya ha quedado claro. Ah, y leer las preguntas con atención.

Otros apartados que se han incluido en las últimas convocatorias están relacionados con la Administración electrónica[31], la transparencia[32] y la protección de datos[33]. Por cierto, que las notas a pie de página que estoy colocando no son como esas que nos saltamos habitualmente (si es importante, ¡ponlo en el cuerpo del texto!), sino que son una valiosa bibliografía que te va a servir para prepararte el test en prácticamente su totalidad, así que cuidado con saltarse un solo enlace. Pero creo que por ahora ya hemos tenido suficiente sobre legislación, así que vamos a pasar al siguiente bloque, que es el que nos gusta, la Biblioteconomía.


BIBLIOTECONOMÍA

**Gestión**

La primera sección de este bloque está dedicada a la Gestión, que como he adelantado afecta especialmente a los aspirantes a Facultativos, por lo que los opositores a Auxiliares y Ayudantes pueden saltárselo. Hay que tener en cuenta que hasta ahora los temas de Gestión solían incluirse en pruebas de desarrollo, por lo que no contamos con mucha experiencia con preguntas tipo test, desafío que afectará tanto a los opositores como a los encargados de realizar el cuestionario. En este caso, la fuente utilizada no es tan sencilla

---

[30]  https://www.boe.es/buscar/act.php?id=BOE-A-1996-8930
[31]  https://administracionelectronica.gob.es/pae_Home
[32]  https://www.boe.es/buscar/act.php?id=BOE-A-2013-12887
[33]  https://www.boe.es/buscar/act.php?id=BOE-A-2018-16673

como buscar la ley correspondiente, aunque hay algunos documentos de consulta prioritaria, como las normas ISO. Debido a ello, en este apartado me dedicaré principalmente a sugerir bibliografía útil para preparar cada uno de los epígrafes dedicados a la Gestión.

En el tema de Recursos Humanos habrá que consultar algunos textos que ya hemos visto, como los *Perfiles profesionales del Sistema Bibliotecario Español: fichas de caracterización*[34]. Otros documentos útiles son el el *Euroreferencial en Información y Documentación. Volumen 1: Competencias y aptitudes de los profesionales europeos de información y documentación*[35], la *Prestación de Servicios Bibliotecarios* de INCUAL[36] y la monografía de Juan José Fuentes *Evaluación de bibliotecas y centros de documentación e información* (Trea, 1999), muy útil para todo el apartado de Gestión. Por cierto, que no es porque este libro esté publicado en Trea, pero el catálogo de esta editorial con una colección especializada en Biblioteconomía es fundamental para cualquier opositor, con garantía de solidez y confiabilidad. Por lo menos hasta ahora.

De momento los académicos españoles no han dedicado especial atención a los temas más puramente económicos de gestión bibliotecaria, por lo que la bibliografía existente no es muy abundante. Pero eso no debe ser motivo de preocupación, porque si por una parte eso supone menos material que consultar, también significa que los encargados de elaborar las preguntas tienen menos recursos de los que sacar sus cuestiones. Por eso, en el caso de la gestión presupuestaria encontraremos pocas referencias a cuestiones puramente bibliotecarias y tendremos que recurrir a información obtenida de fuentes más relacionadas con la administración, fáciles de encontrar en inter-

---

[34] https://www.libreria.culturaydeporte.gob.es/libro/perfiles-profesionales-del-sistema-bibliotecario-espanol-fichas-de-caracterizacion_1325/

[35] https://www.sedic.es/wp-content/uploads/2019/06/eurefi-espanol.pdf

[36] http://incual.mecd.es/en/cualificacion?p_p_id=101_INSTANCE_McBZK02DyK58&p_p_lifecycle=0&p_p_state=normal&p_p_mode=view&p_p_col_id=column-2&p_p_col_pos=1&p_p_col_count=2&_101_INSTANCE_McBZK02DyK58_struts_action=%2Fasset_publisher%2Fview&_101_INSTANCE_McBZK02DyK58_assetEntryId=8806955&_101_INSTANCE_McBZK02DyK58_redirect=%2Fen%2Fservicios_cualificaciones&_101_INSTANCE_McBZK02DyK58_type=content

net y en manuales específicos, y en los que no tendremos que entrar en profundidades, sino tener claros conceptos básicos como los ciclos presupuestarios. Aunque ya tienen unos cuantos años, para la gestión financiera de bibliotecas todavía son útiles el capítulo «La gestión de los recursos económicos» de Carmen Jorge García Reyes incluido en *Tratado básico de biblioteconomía* (Madrid: Complutense, 1995) y «Nuevas tendencias en la gestión de los recursos económicos: el activity based costing en las bibliotecas universitarias», de Carmen Jorge García Reyes y Antonio Calderón Rehecho incluido en *Temas de biblioteconomía universitaria y general* (Madrid: Complutense, 2002).

Como todos los temas de Gestión, el dedicado a la planificación estratégica también lo vamos a tener que conocer a fondo para preparar el supuesto práctico, como veremos más adelante. Se trata de un punto fundamental para el que disponemos de diversas fuentes. En línea podemos encontrar *Gestión estratégica en unidades de información: planteamiento*[37], *Instrumentos básicos para la planificación estratégica del servicio de biblioteca pública*[38] y *Algunos aspectos de la gestión en unidades de información: propuesta de plan estratégico para una biblioteca pública*[39]. En las bibliotecas dispondremos de algunas monografías útiles como *Planificación y organización de centros documentarios. Organización y funcionamiento de bibliotecas, centros de documentación y centros de información* (Gijón: Trea, 2007), de Juan José Fuentes Romero y «Definición y planificación de la gestión bibliotecaria» de Jaime Luis Peón Pérez en la monografía *Manual de biblioteconomía*. (Madrid: Síntesis, 2002). Este volumen, coordinado por Luisa Orera Orera, aunque ya tiene un par de décadas, también sigue siendo fundamental. De hecho, si solo se pudieran consultar cuatro o cinco libros, este sería uno de los que no pueden faltar, se trata de una fuente siempre viva de datos tanto para el opositor como para los miembros del tribunal.

---

[37] http://eprints.rclis.org/24627/1/GESTION%20ESTRATEGICA.PLANEAMIEN-TO.pdf
[38] http://bid.ub.edu/23/omella2.htm
[39] https://dialnet.unirioja.es/servlet/articulo?codigo=113347

Con las estadísticas, un campo más apropiado para las cuestiones tipo test, ya nos encontramos un terreno más firme en el que encontrar recursos *ad hoc*. Las normas básicas para este apartado son las ISO 2146 y la ISO 2789. Lo cierto es que las normas ISO suelen ser de difícil acceso, ya que es poco probable que estén disponibles en las bibliotecas, aunque sí que pueden consultarse en su versión electrónica en la Biblioteca Nacional de España y en las Bibliotecas del Estado. En cualquier caso, se pueden encontrar resúmenes en línea que nos pueden valer para los propósitos de la oposición. Otras estadísticas que debemos consultar son las elaboradas por el INE específicamente dedicadas a bibliotecas[40], el Anuario de Estadísticas Culturales elaborado por el Ministerio de Cultura[41], que también realiza unas estadísticas sobre bibliotecas[42], y las estadísticas sobre el sector del libro en España de la Federación de Gremios de Editores de España[43].

Para la evaluación de los procesos y servicios bibliotecarios las normas correspondientes son la ISO 11620 y la ISO 16439. También es conveniente consultar la sección de estadísticas y evaluación de la IFLA[44] y la herramienta LibQUAL+[45], utilizada para medir la calidad del servicio que prestan las bibliotecas. Puede ser de gran ayuda la monografía *Nuevos instrumentos para la evaluación de bibliotecas: normativa internacional ISO* (Madrid: AENOR, 2014), de Beatriz Albelda Esteban y Mar Pérez Morillo. En lo que respecta a gestión de calidad en bibliotecas, las normas ISO pertinentes son las pertenecientes a la familia 9000: ISO 9000, ISO 9001, ISO 9004 e ISO 19001. Lo primero que hay que saber es algo tan básico como a qué corresponde cada una de ellas. Por ejemplo, una pregunta típica puede ser:

---

[40]   https://www.ine.es/dyngs/INEbase/es/operacion.htm?c=Estadistica_C&cid=125 4736176768&menu=ultiDatos&idp=1254735573113

[41]   https://www.culturaydeporte.gob.es/servicios-al-ciudadano/estadisticas/cultura/mc/aec.html

[42]   https://www.culturaydeporte.gob.es/cultura/bibliotecas/in/estadisticas.html

[43]   https://www.federacioneditores.org/datos-estadisticos.php

[44]   https://www.ifla.org/es/units/statistics-and-evaluation/

[45]   https://www.libqual.org/home

*¿Qué norma ISO está dedicada a los Sistemas de Gestión de Calidad. Requisitos?*

A) ISO 9000

B) ISO 9001

C) ISO 9004

D) ISO 19001

Lo digo porque a veces nos adentramos en profundidades y arcanos y pasamos por alto algo tan básico como el nombre y la fecha de las normas. Así que no olvidéis tener un un listado con todos los números, nombres y fechas de las normas ISO. En el apartado de la gestión de calidad también debemos consultar el Modelo EFQM de Calidad y Excelencia[46] y el modelo Total Quality Management (TQM)[47]. Reitero que toda esta bibliografía, que puede parecer antipática y excesiva, va a ser ineludible a la hora de preparar los supuestos prácticos. Por ejemplo, los modelos EFQM y TQM serán insoslayables al realizar los supuestos, así que mientras preparamos el test ya vamos sembrando el terreno para los supuestos.

**Colecciones y proceso técnico**

Ahora que ya hemos solventado los temas de gestión, podemos pasar a la sección puramente adscrita a la Biblioteconomía, que abriré con la construcción y gestión de espacios en bibliotecas. Con ello retomamos un tema clásico que afecta a las tres escalas de bibliotecarios y que cuenta con una extensa bibliografía. Como decía en la sección anterior, y ahora lo repito por su importancia y para quien se la haya saltado, el libro coordinado por Luisa Orera *Manual de biblioteconomía*. (Madrid: Síntesis, 2002) es básico para todos es-

---

[46]   http://www.efqm.es/

[47]   https://es.wikipedia.org/wiki/Gesti%C3%B3n_de_la_calidad_total

tos temas sobre funcionamiento práctico de una biblioteca, por lo que su lectura además de servirnos para cubrir varios temas será una guía utilísima para extraer datos que seguro que ayudarán el momento de completar el cuestionario. En este tema concreto también se deberá consultar el documento elaborado por el Ministerio de Cultura *Pautas sobre los servicios de bibliotecas públicas*[48]. Para el tema de gestión de la colección, complementario del anterior, añadiremos el breve y útil *Gestión integral de bibliotecas* (Barcelona: UOC, 2013), de Anna Valls y un par de artículos accesibles en línea: *Selección de recursos disponibles en Internet para el desarrollo de colecciones de la biblioteca virtual*[49] y *El desarrollo de colecciones en bibliotecas públicas. Fundamentos teóricos*[50].

En cuanto a la conservación, la materia que completa este apartado, y que también tendrá repercusión en la preparación de los casos y los supuestos prácticos, se puede recurrir con total confianza a los manuales *El patrimonio bibliográfico y documental. Claves para su conservación preventiva* (Gijón: Trea, 2001), de Bello Urgellés y Borrel Crehuet y *Políticas de conservación en bibliotecas* (Madrid: Arco, 1999), de Arsenio Sánchez Hernández. Para la preservación digital contamos con la autoridad de Luis Ángel García Melero con un artículo de 2004 pero que pese al tiempo transcurrido sigue siendo válido, *Algunas iniciativas relacionadas con la Recopilación y conservación del patrimonio digital*[51]. También están disponibles las directrices oficiales publicadas por el Ministerio de Cultura[52] y la UNESCO[53], mientras que respecto al archivo de la web contamos, además de con la información que proporciona la BNE[54], con el artículo *El Archivo WEB de la Biblioteca Nacional de España*[55], y para

[48] https://travesia.mcu.es/server/api/core/bitstreams/b52f1409-7129-40bc-b862-17e1bd42aa3a/content

[49] http://sisbib.unmsm.edu.pe/bibvirtualdata/publicaciones/biblios/n31/a07n31.pdf

[50] http://www.scielo.org.mx/pdf/ib/v31n71/2448-8321-ib-31-71-00235.pdf

[51] http://eprints.rclis.org/13761/1/Algunas_iniciativas.pdf

[52] https://travesia.mcu.es/items/e32ed06a-3005-4089-ba53-0cf943502de4

[53] https://www.ifla.org/wp-content/uploads/2019/05/assets/preservation-and-conservation/publications/digitization-projects-guidelines-es.pdf

[54] https://www.bne.es/es/colecciones/archivo-web-espanola

[55] https://www.anabad.org/wp-content/uploads/2012/12/2012.4.pdf

saber más sobre los proyectos regionales, el artículo *Archivo web de la publicaciones en línea en las comunidades autónomas*[56]

Uno de los motivos de que los tests, en el fondo, con sus ventajas e inconvenientes, me parezca más accesible que el desarrollo de temas es que, por ejemplo, en este apartado el opositor que se enfrenta a un tema por escrito debe aprenderse los diez mandamientos de Faulkner-Brown, un clásico que cualquier que haya pasado por unas oposiciones de bibliotecas conoce. Lo repasas cien veces, te haces la regla mnemotécnica para recordar los diez… Llega el día del examen y siempre te falta alguno. Sin embargo, en un tipo test, ponen unas opciones y tirando de memoria, aunque no te los hayas aprendido como para recitarlos, es difícil que te pillen.

El siguiente apartado está compuesto por aspectos del proceso técnico interrelacionados que cuentan con unas normativas claras a las que podemos recurrir para anotar todos los datos que debemos tener en cuenta y que podemos encontrar en la web de la BNE, en la sección dedicada a Servicios para bibliotecarios/Normas, estándares y políticas de proceso técnico[57]. Para empezar, tenemos las *Reglas de catalogación*[58], que las aspirantes a Ayudantes tendrán que conocer al dedillo para la prueba de catalogación, como ya veremos, pero que las demás tendrán que expurgar, como el resto de las fuentes aquí expuestas, para quedarse con lo esencial. También será óptimo estudiar las ISBD[59], las RDA[60] y el Library Reference Model (LRM)[61]. Quien no tenga que desarrollar un tema sobre este punto no sabe de la que se ha librado. Como digo, se trata de normas cuyos principios básicos hay que conocer, pero no se trata de aprendérselas en sus detalles. Veamos algunos ejemplos de preguntas que pueden aparecer en un test:

[56]   https://dialnet.unirioja.es/servlet/articulo?codigo=7875076

[57]   https://www.bne.es/es/servicios/servicios-para-bibliotecarios/normas-estandares-politicas-proceso-tecnico

[58]   https://www.bne.es/es/servicios/servicios-para-bibliotecarios/normas-estandares-politicas-bne-procesos-tecnicos/reglas-de-catalogacion

[59]   https://www.bne.es/es/servicios/servicios-para-bibliotecarios/normas-estandares-politicas-bne-procesos-tecnicos/ISBD

[60]   https://www.bne.es/es/servicios/servicios-para-bibliotecarios/rda

[61]   https://www.bne.es/es/noticias/0405-traduccion-espanol-lrm-ifla

*Son estándares de descripción documental:*

A) ISBN, RDA, MARC

B) ISBD, RDA, RRCC

C) ISBD, ISBN, MARC

D) ISBN, ISSN, ISBD

Este ejemplo me gusta porque es una pregunta muy fácil pero que puede liar al opositor con esa mezcla de siglas. Recordemos que es siempre mejor ir a lo simple, que no hace falta memorizar todas las reglas de catalogación, que con algunos datos sobre fechas importantes, ciudades asociadas o algunas funciones básicas debe ser suficiente.

*En RDA, la materia es definida en el modelo:*

A) FRBR

B) FRAD

C) FRSAD

D) No hay modelo de materia

De nuevo nos encontramos con siglas difusas, pero una vez elaborado el tema de RDA, señalando conceptos básicos, preguntas como esta no deberían suponer ningún problema. Sabes qué significa FRSAD, qué incluye, cuándo y dónde se realizó y ya es suficiente. Por suerte ni tan siquiera tienes que entenderlo y entrar en discusiones entre nominalistas y empíricos (por increíble que parezca, es cierto que se han dado este tipo de debates bizantinos).

Con los siguientes temas, todavía dentro del proceso técnico, seguimos el mismo procedimiento: consulta de información general, extracción de datos de las fuentes primarias y realización de cuestionarios pertinentes. Ahora nos toca ver MARC 21, otro formato que quien tenga que preparar la prueba de catalogación deberá conocer de pe a pa, pero que en los últimos años también se ha incorporado en las pruebas para auxiliares (incluidos los casos prácticos, como veremos) y al que los facultativos también tendrán que enfrentarse. Se trata de un formato obsoleto y reiterativo (se nota que no le tengo mucho aprecio), pero que pese a su anunciada muerte sigue vigente, por lo que no nos queda más remedio que familiarizarnos con él. En cualquier caso, es fácil de estudiar para una prueba tipo test, con los consabidos datos sobre su historia y sus peculiaridades internas. En el artículo *Algunas disquisiciones sobre el querido y odiado formato MARC*[62] encontramos un perfecto resumen para saber qué es MARC y sobre los datos que necesitamos conocer. Para entrar más en detalle, remito de nuevo a la página de la BNE dedicada a este formato[63].

Íntimamente ligado a MARC está el control de autoridades, tema para el que nos podemos valer de la monografía *El catálogo de autoridades: creación y gestión en unidades documentales* (Gijón: Trea, 2002), de J. Jiménez y R. García, el *Manual de autoridades* de la BNE[64] y documentos específicos sobre FRAD[65], FRSAD[66], VIAF[67] y SKOS[68].

Con la CDU nos encontramos con un caso que sirve de ejemplo perfecto para explicar el método de estudio más apropiado. No hay que pasarse de la raya estudiando toda la CDU (lo que además sería imposible, dado que contiene decenas de miles de números), pero tampoco quedarse cortos con un resumen demasiado esquemático. Así, no hace falta saber qué significa el número 7.034(45), pero si sabemos que el 7 corresponde a Arte y los números entre paréntesis a un país y nos preguntan:

---

[62] http://eprints.rclis.org/7524/1/Lillo.pdf

[63] https://www.bne.es/es/servicios/servicios-para-bibliotecarios/normas-estandares-politicas-bne-procesos-tecnicos/marc21

[64] https://www.bne.es/es/Micrositios/Publicaciones/AUTORIDADES/

[65] https://www.ifla.org/wp-content/uploads/2019/05/assets/cataloguing/frad/frad_2009-es.pdf

[66] https://www.ifla.org/wp-content/uploads/2019/05/assets/cataloguing/frsad/frsad-final-report-es.pdf

[67] https://viaf.org/

[68] https://travesia.mcu.es/items/76aaa7c8-256c-4e7e-a639-a61f29b6d8bd

*¿A qué materia corresponde el número de la CDU 7.034(45)?*

A) Historia de España en la Edad Media
B) Literatura francesa contemporánea
C) Arte renacentista en Italia
D) Antropología siglo XX

No nos costará mucho deducir que la respuesta correcta es la C. Además de los consabidos datos sobre la historia del sistema de clasificación, es conveniente conocer los principales números por los que nos pueden preguntar y los auxiliares y complementarios que nos pueden dar pistas para inferir cuál es la respuesta adecuada. Después de echar un vistazo a la CDU, que se encuentra en cualquier biblioteca y con la que probablemente el opositor tendrá que familiarizarse sea cual sea su futuro puesto, también es necesario conocer otros sistemas de clasificación como la Dewey, la Colon o la de la Biblioteca del Congreso, para lo que se puede encontrar abundante documentación en línea, como el texto elaborado por la Universidad de Salamanca *Clasificación Bibliográfica*[69].

Otro tema relativamente fácil de estudiar es el del Depósito Legal, no sé por qué razón uno de mis predilectos. Quizá porque su preparación es bien sencilla. Tenemos una Ley[70] (ojo con consultar la última modificación, que es reciente), un Real Decreto que regula el depósito legal de publicaciones en línea[71] y una sección en la web de la BNE que explica todo lo que siempre quisiste saber sobre el DL[72]. En realidad es tan sencillo que incluso el capítulo pertinente de un temario de oposiciones puede ser suficiente para solventar su preparación.

Tras estos capítulos sencillos de preparar y estudiar, pasamos a otro que por su novedad puede parecer algo más complicado, pero con el que tampoco

---

[69]  https://sabus.usal.es/docu/pdf/Clasif.PDF
[70]  https://www.boe.es/diario_boe/txt.php?id=BOE-A-2022-7311
[71]  https://www.boe.es/diario_boe/txt.php?id=BOE-A-2015-8338
[72]  https://www.bne.es/es/conocenos/adquisiciones/deposito-legal

debemos preocuparnos: los sistemas integrados de gestión bibliotecaria (SIGBs) y las plataformas de servicios bibliotecarios (PSB). En realidad en un artículo como *Catálogos y gestión de autoridades. Diseño y prestaciones de OPACs*[73] podemos encontrar todo lo necesario sobre los SIGBs, y si se quiere profundizar cuenta con una bibliografía al respecto. En lo que concierne a las PSB, también contamos con un buen artículo de poco más de veinte páginas que ayuda a comprender en qué consisten estas plataformas relativamente modernas y obtener los datos suficientes para estar preparados. Se trata de *Las Plataformas de Servicios Bibliotecarios como innovación tecnológica. Características, adopción y tendencias*[74].

Muchas veces, aunque parezca mentira, con un buen artículo tenemos solventado el problema de preparar un tema, y esto también es válido para el desarrollo de temas escritos y orales, como veremos más adelante. En la BNE, disponible en la Sala de Información Bibliográfica y Bibliotecaria, existe un tesoro a la vista de todos pero que pocos parecen conocer, con una selección de artículos relevantes sobre muchos de los temas de oposiciones que pueden dar una alegría al opositor que se encuentra con él.

Un tema vinculado directamente con los sistemas de gestión bibliotecaria es el de los catálogos, que tampoco supone mayor dificultad, en especial, como es lógico, para quien tenga algo de experiencia bibliotecaria. Para una historia de la catalogación se puede consultar *Apuntes para una historia de la catalogación internacional en los siglos XIX y XX*[75] (como se ve por el título y por la falta de bibliografía reciente, se trata de un tema un poco anticuado), mientras que para la catalogación colectiva, una materia mucho más candente, es muy apropiado el Informe del Consejo de Cooperación bibliotecaria sobre Interconexión de catálogos[76]. Vamos con una pregunta:

[73]  http://eprints.rclis.org/13188/1/sigb.pdf

[74]  http://eprints.rclis.org/33818/1/AFresco_CRellan_Plataformas_de_Servicios_Bibliotecarios.pdf

[75]  https://ibersid.eu/ojs/index.php/scire/article/view/1483/1461

[76]  http://www.ccbiblio.es/wp-content/uploads/Informe_GT_Interconexion2019_PropuestaRev.pdf

¿Qué catálogo recoge exhaustivamente el fondo antiguo depositado en las bibliotecas y otras instituciones españolas?

A) Biblioteca Digital Hispánica
B) Catálogo Colectivo de la Red de Bibliotecas de los Archivos Estatales
C) Catálogo Colectivo del Patrimonio Bibliográfico Español
D) Catálogo Colectivo de la Red de Bibliotecas Universitarias

Se trata de una pregunta que apareció en la oposición para Ayudantes de archivos, bibliotecas y museos de la Universidad de Salamanca, una de las instituciones con mejores materiales y profesionales relacionados con la Biblioteconomía, así que esta sencilla pregunta nos puede dar una pista del nivel exigido. Claro, si nunca se ha oído hablar del Catálogo Colectivo de Patrimonio Bibliográfico Español, es improbable acertar, pero conociendo las fuentes apropiadas y seleccionando los datos pertinentes, no es tan difícil.

**Servicios bibliotecarios**

En este apartado entramos en temas de aplicación práctica en los que, una vez más, quien haya tenido experiencia bibliotecaria tendrá ventaja, pero de los que cualquiera que haya sido usuario de bibliotecas podrá tener una percepción en primera persona, mientras que en muchos de los temas anteriores tenemos que conformarnos con una formación puramente teórica que muchas veces puede suponer un impedimento para entender de qué nos están hablando realmente.

En el caso de los servicios presenciales y virtuales de las bibliotecas disponemos de una amplia información pero bastante dispersa. Aparte de lo que encontraremos en manuales de biblioteconomía como el de Orera, en línea podemos hallar un buen esquema titulado *Servicios bibliotecarios: referencia, consulta en sala y préstamo*[77]. Para los servicios virtuales, un tema muy tratado

---

[77] http://eprints.rclis.org/15450/7/Servicios-Tema-6.pdf

en la bibliografía reciente, contamos con el *Catálogo de servicios digitales en las bibliotecas*[78], elaborado por el Consejo de Cooperación Bibliotecaria. Aquí estoy seleccionando solo artículos en castellano, pero en temas como este se puede encontrar mucho material en inglés.

Otro apartado dentro de los servicios bibliotecarios es el dedicado a los servicios de extensión bibliotecaria y cultural, para el que se pueden encontrar diversos artículos específicos y la monografía *La biblioteca, espacio de cultura y participación*. (Madrid: ANABAD, 2008). En realidad estos temas de servicios tienen más que ver con los casos y supuestos prácticos que con los tests, pero es necesario tener aunque sea un conocimiento general.


**Tipos de bibliotecas**


En esta sección seguimos con temas en los que es más apropiado un conocimiento general que estudios concretos. Por ejemplo, de poco nos sirve leer un artículo sobre la Biblioteca Nacional de Alemania, pero sí debemos saber que tiene sedes en Leipzig y Fráncfort. Dependiendo del tipo de convocatoria a la que nos hayamos presentado, habrá que hacer énfasis en el tipo de biblioteca correspondiente. Así, para unas oposiciones a biblioteca universitaria, habrá que investigar en más profundidad no solo artículos relacionados con la historia y actualidad de las bibliotecas universitarias, sino de la propia institución a la que aspiramos. Lo mismo sucederá con cada una de las tipologías expuestas, aunque aquí me limitaré a un repaso más general.

Por empezar con las bibliotecas públicas, hay que buscar datos útiles, como que es obligatorio la existencia de una biblioteca pública en todas las localidades con más de 5 000 habitantes o que las 53 bibliotecas públicas del Estado son de titularidad estatal pero tienen la gestión transferida a las Comunidades Autónomas. Los documentos básicos para preparar este tema son las *Directrices IFLA/UNESCO para el desarrollo del servicio de bibliotecas pú-*

---

[78]  https://www.ccbiblio.es/wp-content/uploads/catalogo_de_servicios_digitales.pdf

blicas[79] y el *Manifiesto de la UNESCO para bibliotecas públicas de 2022*[80]. Para obtener información sobre las Bibliotecas Públicas del Estado, obviamente hay que dirigirse a la web del Ministerio de Cultura[81].

Para las bibliotecas universitarias también contamos con algunos textos imprescindibles: las *Normas y directrices para bibliotecas universitarias*[82], la página web de REBIUN[83], la página de la Universidad de Barcelona con información sobre los CRAI (centro de recursos para el aprendizaje y la investigación)[84] y el artículo *La biblioteca universitaria ante el nuevo modelo social y educativo*[85]. En lo referente a las bibliotecas especializadas tenemos la sección del Consejo de Cooperación Bibliotecaria[86] dedicado a este tipo de bibliotecas, la página web de la Special Libraries Association[87] y la web de las bibliotecas del CSIC[88].

En cuanto a las bibliotecas nacionales, disponemos de la web de la CDNL (Conferencia de directores de bibliotecas nacionales)[89], la web de la CENL (conferencia de bibliotecas nacionales europeas)[90] y por supuesto la web de la BNE[91]. También es conveniente echarle un ojo al capítulo «La biblioteca nacional de España y las bibliotecas centrales de las Comunidades Autónomas»

---

[79] https://unesdoc.unesco.org/ark:/48223/pf0000124654_spa

[80] https://www.ifla.org/wp-content/uploads/2019/05/assets/public-libraries/publications/PL-manifesto/pl-manifesto-es.pdf

[81] https://www.culturaydeporte.gob.es/cultura/bibliotecas/bibliotecas-de-titularidad-estatal/bpe.html

[82] https://www.rebiun.org/sites/default/files/2017-11/Patrimonio-%20Normas%20y%20directrices%20para%20bibliotecas%20universitarias_0.pdf

[83] https://www.rebiun.org/

[84] https://crai.ub.edu/es/que-ofrece-el-crai

[85] https://revista.profesionaldelainformacion.com/index.php/EPI/article/view/epi.2007.jul.07/31643

[86] https://www.ccbiblio.es/estructura-del-consejo/comisiones-tecnicas-de-cooperacion/bibliotecas-especializadas/portal-bibliotecas-especializadas/

[87] https://www.sla.org/

[88] https://bibliotecas.csic.es/

[89] https://cdnl.info/

[90] https://www.cenl.org/

[91] https://www.bne.es/es

del *Manual de Biblioteconomía* de Luisa Orera. Ahora vamos a ver algunas preguntas sobre este apartado que nos podemos encontrar en las pruebas de diversas instituciones.

*Según artículo 7 del Reglamento de Bibliotecas Públicas del Estado el recuento periódico de fondos será total al menos una vez cada:*

A) 5 años.
B) 3 años.
C) 2 años.

Aunque esta pregunta está sacada de las oposiciones a un puesto municipal, como se ve también hace referencia al reglamento de las Bibliotecas Públicas del Estado. Se trata de un tema que casi con seguridad va a caer, así que no podemos pasarlo por alto. En cualquier caso, como las oposiciones a bibliotecas locales son abundantes, en internet se pueden encontrar numerosas pruebas en las que, junto a cuestiones específicas de cada localidad, nos vamos a encontrar con preguntas habituales, lo que nos servirá para realizar un repaso general y tener siempre frescos algunos datos por los que los examinadores tienen predilección.

*La Universidad Complutense de Madrid se unió en el año 2015 a un proyecto junto a ProQuest para:*

A) Digitalizar todas las tesis UCM y permitir su acceso en Digital Dissertations así como en el repositorio institucional E-Prints Complutense.

B) Digitalizar las tesis UCM posteriores a 1990 y permitir su acceso en Digital Dissertations.

C) Digitalizar las tesis UCM del período 1990-2015 para facilitar su exportación al repositorio institucional E-Prints Complutense.

D) Digitalizar las tesis UCM anteriores a 1990 y permitir su acceso en Digital Dissertations, así como en el repositorio institucional E-Prints Complutense.

Aquí nos encontramos con el caso opuesto, una pregunta muy concreta que no afectará al común de las opositoras, sino solo a las que se hayan presentado a las pruebas de la Universidad Complutense, por lo que más allá de la bibliografía genérica que he proporcionado, la postulante tendrá que investigar a fondo la historia, materiales y documentos específicos de la institución correspondiente. De hecho, gran parte del test estará relacionado con la institución convocante, por lo que aunque una visión particularizada queda fuera de las intenciones de esta *Guía*, no está de más subrayar la importancia de conocer bien la institución en la que se aspira a trabajar, y esto vale tanto para las bibliotecas universitarias como para las públicas o la Nacional. Y hablando de la Nacional:

*¿Cuál de los siguientes es un órgano rector de la Biblioteca Nacional de España?*

A) El Consejo de Dirección
B) El Real Patronato
C) El Comité Científico
D) El Ministerio de Cultura y Deporte

Es obvio que si te vas a presentar a unas oposiciones del Ministerio de Cultura tendrás que leer la Ley reguladora de la Biblioteca Nacional de España[92], y la pregunta que he seleccionado es representativa de las cuestiones que

---

[92] https://www.boe.es/buscar/pdf/2015/BOE-A-2015-3178-consolidado.pdf

te puedes encontrar en el test: un enunciado claro, con un intruso que salta a la vista y sin mayor dificultad que haber prestado atención a la Ley. El problema, claro, me diréis, es que hay tantos datos que uno se siente abrumado. Evidentemente, sacar una oposición no es fácil y requiere un esfuerzo intenso y continuado, pero con el método que vengo exponiendo las cosas deberían ser mucho más sencillas. Tal como vengo reiterando, gran parte del trabajo consiste en extraer los datos útiles, librarse de la morralla que solo sirve para enturbiar los conocimientos, y volver una y otra vez sobre la información. Igual que estoy haciendo a lo largo de toda la *Guía*, repitiendo una y otra vez los mismos consejos de estudio provechoso, el opositor debe repasar los datos que haya recolectado hasta que esté ya harto y cansado y no pueda leer otra vez que la BNE se fundó en 1711[93].

### Otros temas

La cooperación bibliotecaria es uno de esos temas no excesivamente complejos, pero que no encontramos resumido en una sola fuente (la web de la BNE tiene una sección con breves reseñas sobre sus iniciativas de cooperación).[94] Se trata de un buen ejemplo para demostrar que la fase más importante, y también la más laboriosa, en la preparación de unas oposiciones es la de la recopilación de información. Todo este periodo en el que se buscan datos y se procura tener un conjunto lo más completo posible de documentación lleva mucho trabajo *creativo*, en oposición al trabajo de repaso y de realización de tests. Pero si se hace bien, no es que tengamos la mitad del trabajo hecho, es que el resto de las tareas que nos quedan pueden ser aburridas y desasosegantes, pero simplemente se trata de una cuestión de insistencia.

Bueno, volviendo a la cooperación bibliotecaria, más allá del tantas veces citado Consejo de Cooperación Bibliotecaria, contamos con la información

---

[93] Pregunta con truco: se fundó en 1711, pero no abrió sus puertas hasta 1712. ¡Leed con atención la pregunta!

[94] https://www.bne.es/es/iniciativas-cooperacion

proporcionada por el Ministerio de Cultura[95], básica pero que hay que conocer. Obviamente, también deberemos visitar la Subdirección General de Coordinación Bibliotecaria[96]. Para estar al tanto del concepto de cooperación bibliotecaria y algunos de sus ejemplos, se pueden consultar el tema *La cooperación. Sistemas y redes de bibliotecas*[97] y el artículo *La cooperación bibliotecaria y las redes bibliotecarias*[98], que pese a ser argentino contiene las principales organizaciones bibliotecarias que nos afectan. Para completar, siempre nos quedará el *Manual* de Orera, con su capítulo «Cooperación internacional». Si todavía se quiere saber más, se puede entrar en la página web de cada institución que hayamos encontrado. Parece mucho trabajo, pero en realidad la información que nos es útil es limitada: los nombres de las organizaciones, sus objetivos, las fechas clave asociadas y alguna cita importante. Por ejemplo, deberemos saber que la última reunión de la IFLA tuvo lugar en Barcelona en 2024, pero no es necesario conocer sus estatutos al detalle.

Para el tema de los profesionales de información no nos queda otra que volver a visitar la web del Consejo de Cooperación Bibliotecaria (no en vano, se trata del organismo encargado de elaborar el proceso de las oposiciones del Ministerio de Cultura, aunque no de redactar los exámenes, así que no está de más conocerlo bien). Como ya hemos visto en extenso sus perfiles profesionales, vamos con otras fuentes: los artículos *Perfiles profesionales en Información y Documentación y nuevos roles entre la Información y la Comunicacion*[99] y *Las competencias profesionales del bibliotecario-documentalista en el siglo XXI*[100], y los códigos éticos de FESABID[101] y la IFLA[102].

[95] https://www.culturaydeporte.gob.es/cultura/bibliotecas/cooperacion.html

[96] https://www.culturaydeporte.gob.es/cultura/bibliotecas/presentacion/gestion-en-el-ministerio/subdireccion-general-de-coordinacion-bibliotecaria.html

[97] http://eprints.rclis.org/15446/7/Cooperacion_Tema-15.pdf

[98] https://www.memoria.fahce.unlp.edu.ar/trab_eventos/ev.925/ev.925.pdf

[99] https://www.slideshare.net/jguallar/perfiles-profesionales-en-informacion-y-documentacin-y-nuevos-roles-entre-la-informacin-y-la-comunicacion

[100] http://biblioteca.udgvirtual.udg.mx/jspui/handle/123456789/3272

[101] http://www.fesabid.org/wp-content/uploads/repositorio/codigo-etico-esp.pdf

[102] https://www.ifla.org/g/faife/codigos-de-etica-profesionales-para-bibliotecarios/

En el caso de las bibliotecas accesibles tenemos la suerte de contar con un documento magnífico (en todos los sentidos), en el que encontrar toda la información que necesitamos, incluido un glosario y una bibliografía. Se trata del documento elaborado por el Ministerio de Educación, Política Social y Deporte *Bibliotecas accesibles para todos*[103]. Ojalá para todos los temas contáramos con un recurso así.

Uno de los campos más tratados en la bibliografía actual sobre Biblioteconomía es el referente al acceso abierto y la reutilización de datos, por lo que no será difícil encontrar información al respecto. Algunos textos que pueden ser útiles son el *Decálogo reutilizador de datos del sector público*[104], el *Plan de medidas de impulso de la reutilización de la información*[105], el *Informe APEI sobre acceso abierto*[106] y la breve monografía de Ernesto Abadal *Acceso abierto a la ciencia*[107].

Para terminar con este bloque, solo queda señalar la importancia de repasar la Agenda 2030[108], una incorporación reciente pero que debemos conocer y que en lo que respecta a las bibliotecas podemos rastrear en la sección correspondiente del Consejo de Cooperación Bibliotecaria[109] y en el *Manual* elaborado por el Ayuntamiento de Madrid[110].

---

[103]  https://www.culturaydeporte.gob.es/dam/jcr:e1570b86-5609-42d8-9e4f-e760fd773392/bibliotecas-accesibles-para-todos.pdf

[104]  https://datos.gob.es/sites/default/files/guia-decalogo-reutilizador-opendata.pdf

[105]  https://www.bne.es/sites/default/files/repositorio-archivos/plan_risp_bne_o.pdf

[106]  http://www.apei.es/wp-content/uploads/2013/11/InformeAPEI-Accesoabierto.pdf

[107]  https://core.ac.uk/download/pdf/11889005.pdf

[108]  https://www.mdsocialesa2030.gob.es/agenda2030/index.htm

[109]  https://www.ccbiblio.es/estructura-del-consejo/grupos-de-trabajo/estrategicos-grupos-trabajo-ccb/bibliotecas-agenda-2030/

[110]  https://bibliotecas.madrid.es/portales/bibliotecas/es/Noticias/Manual-para-trabajar-la-Agenda-2030-de-Desarrollo-Sostenible-en-las-bibliotecas-municipales/?vgnextfmt=default&vgnextoid=fo9b8a0a1c1e8610VgnVCM1000001d4a900aRCRD&vgnextchannel=165a0b6eb5cb3510VgnVCM1000008a44a900aRCRD

## BIBLIOGRAFÍA Y DOCUMENTACIÓN

Una vez concluido el bloque de Biblioteconomía, que junto al de Legislación supone el cogollo de las oposiciones, pasamos a la Bibliografía y Documentación, que es mi verdadero campo de trabajo. Quizá por eso piense que es un error marginar el conocimiento de este aspecto vital del trabajo bibliotecario, que cualquier profesional debe conocer. En cierta ocasión, una usuaria le comentó sorprendida a un compañero que cómo era posible que supiera tantas cosas, a lo que el bibliotecario respondió con sinceridad que no es que supiera mucho, es que sabía dónde buscar la información. Efectivamente, como estamos viendo, la capacidad de encontrar información relevante es la clave de la preparación de unas oposiciones, y también lo será del desempeño profesional.

Para empezar con el bloque, debemos saber qué es la Bibliografía y conocer algo de su historia, para lo que será suficiente consultar «Bibliografía: historia y teoría» del *Manual de Ciencias de la Documentación* (Madrid: Pirámide, 2006) o de manera más extensa el *Manual de Bibliografía* (Madrid: Castalia Instrumenta, 2010), también de Fermín de los Reyes Gómez. Para un resumen con los puntos más destacados que podemos encontrar también en cualquier temario, es suficiente con el artículo *La Bibliografía: historia y teoría*[111]. Por otra parte, podemos consultar la Sección de Bibliografía de la IFLA[112] y aprovechar para leer algún resumen de la norma *ISO 690:2013: Directrices para la redacción de referencias bibliográficas y de citas de recursos de información*, de la que podemos encontrar un buen compendio[113] elaborado por la biblioteca de la Universidad de Zaragoza. La nueva versión de esta norma es tan enrevesada y compleja que espantará cualquier intento de utilizarla para realizar una pregunta de oposición.

---

[111]  https://informaciondocumental.files.wordpress.com/2009/12/lectura-tema-3-bibliografia-historia-y-teoria.pdf

[112]  https://www.ifla.org/es/units/bibliography/

[113]  https://biblioteca.unizar.es/sites/biblioteca.unizar.es/files/documentos/estilo_iso_resumen_con_rrss.pdf

Para los números de identificación contamos con recursos de fácil acceso y muy golosos a la hora de elaborar cuestionarios. Sinceramente, para estas cuestiones Wikipedia puede ser una fuente solvente, pero si queremos datos más oficiales, podemos consultar la página del ISBN[114], del ISSN[115], de DOI[116], de Handle[117] y otros números normalizados[118] e identificadores[119] que como mínimo debemos conocer.

Aunque parezca imposible, no podemos encontrar una fuente unificada y consistente que nos sirva para solventar de un plumazo el tema de la bibliografía de fondo antiguo, por lo que lo mejor es consultar algún temario o la monografía *El libro antiguo* (Madrid: Síntesis, 2003), de donde extraer datos útiles que nos ayudará a resolver cuestiones como:

*¿Quién es el autor del Manuel du libraire et de l'amateur des livres?*

A) J. O. Brunet
B) J. G. Graesse
C) P. Vindel

Lo mismo sucede con las fuentes sobre prensa, para lo que podemos usar el manual *Introducción a la documentación informativa* (Madrid: Universitas, 2007), de J. F. Torregrosa, mientras que para las publicaciones oficiales contamos con el artículo *Las publicaciones oficiales en España. Sistema editorial del Gobierno y la Administración Central del Estado*[120].

[114]  https://www.isbn-international.org/es/content/que-es-un-isbn/10
[115]  https://www.issn.org/es/comprender-el-issn/que-es-el-numero-issn/
[116]  https://www.doi.org/
[117]  https://www.handle.net/
[118]  https://www.infotecarios.com/numeros-normalizados-llaves-de-acceso/
[119]  https://es.wikipedia.org/wiki/Identificador_persistente
[120]  https://revistas.ucm.es/index.php/DCIN/article/view/41412/41532

El tema de los materiales especiales es por definición complejo, ya que comprende una tipología muy diversa de materiales y por lo tanto de fuentes de información, pero si no se quiere entrar en especificidades se puede echar mano de la monografía *Los materiales especiales en las bibliotecas* (Gijón: Trea, 1998), de Carmen Díez Carrera. Y si los materiales especiales son complejos, qué decir de las fuentes de información sobre Ciencias Sociales y Humanidades y Ciencia y Tecnología. En el primer campo contamos con un sucinto pero útil listado elaborado por Baratz[121] y una exhaustiva monografía relativamente reciente, *Fuentes especializadas en ciencias sociales y humanidades* (Madrid: Pirámide, 2017). Por su parte, para la Ciencia y Tecnología también tenemos una versión esquemática ofrecida por Baratz[122] y un repaso más amplio en una monografía específica, *Búsqueda y recuperación de información en bases de datos de bibliografía científica* (Somonte-Cenero, Gijón: Trea, 2015), de Marta Somoza.

En cualquier caso, como decía, para estos temas de bibliografía, que cada vez tienen menos peso en las pruebas y por lo tanto no merece mucho la pena dedicarle un tiempo excesivo en la preparación de las oposiciones, quizá lo más provechoso es, aparte de echar un ojo a la bibliografía propuesta y apuntar la información más relevante, acudir a temarios ya elaborados, donde podemos encontrar la información ya reunida, o a monografías generales como el *Manual de fuentes de información* (Madrid: CEGAL, 1994) o *Las fuentes de información: estudios teórico–prácticos* (Madrid: Síntesis, 1999), que a pesar de que ya son un poco antiguos todavía son útiles para hacerse una idea general.

En la segunda parte del bloque de Bibliografía y Documentación nos encontramos con temas más aptos para la extracción de cuestiones típicas de una prueba tipo test y por suerte también disponemos de fuentes más directas para poder elaborar nuestro propio material de estudio. Así, para la indización y resumen podemos echar mano de un artículo en línea con información más que suficiente para preparar el tema, *Análisis de contenido: resumen e indi-*

---

[121] https://www.comunidadbaratz.com/blog/las-principales-fuentes-de-informacion-en-ciencias-sociales-y-humanidades/

[122] https://www.comunidadbaratz.com/blog/las-principales-fuentes-de-informacion-en-ciencia-y-tecnologia/

*zación*[123]. Respecto a los lenguajes documentales, contamos con dos breves pero útiles artículos aparecidos en *El profesional de la información* (publicación fundamental para estar al tanto de las últimas tendencias en Biblioteconomía y Documentación en castellano) que por un lado ayudarán a comprender los conceptos de tesauros y ontologías con *Tesauros y ontologías en sistemas de información documental*[124], y por otro a conocer las normas que afectan a este campo en *Tesauros: estándares y recomendaciones*[125], ya que será necesario conocer como mínimo las normas ISO correspondientes, en particular la ISO 25964:2011. En un test puede caer una pregunta de este apartado, como del anterior, pero para preparar un tema del examen oral o escrito habrá que recurrir a un documento más amplio, como puede ser la monografía *Ontologías, taxonomía y tesauros: manual de construcción y uso* (Gijón: Trea, 2005), de Emilia Currás.

Otra materia muy en boga y de la que es fácil sacar alguna pregunta, por lo que necesitamos conocerla conceptual y prácticamente, es la bibliometría. Para un conocimiento básico siempre podemos recurrir a Wikipedia[126], fuente a la que también podemos echar mano sin temor para conocer algo más sobre otro concepto de moda, las altmetrics[127], pero si deseamos algo más de profundidad, disponemos de un buen artículo para conocer mejor la historia y detalles de este campo, *La evaluación de la actividad científica: Indicadores bibliométricos*[128]. Para saber algo más sobre los datos masivos y la minería de datos, de lo que tanto hemos hablado tangencialmente a lo largo de esta *Guía*, disponemos de tres breves artículos que sin embargo nos dan toda la información que necesitamos saber sobre su aplicación en bibliotecas: *Análisis y*

---

[123]  https://openaccess.uoc.edu/bitstream/10609/239/5/Fundamentos%20de%20lengua-jes%20documentales_M%C3%B3dulo2_An%C3%A1lisis%20de%20contenido%2Cresumen%20e%20indizaci%C3%B3n.pdf

[124]  https://revista.profesionaldelainformacion.com/index.php/EPI/article/view/epi.2011.sep.10

[125]  https://revista.profesionaldelainformacion.com/index.php/EPI/article/view/epi.2012.may.02/17915

[126]  https://es.wikipedia.org/wiki/Bibliometr%C3%ADa

[127]  https://es.wikipedia.org/wiki/Altmetrics

[128]  https://dialnet.unirioja.es/servlet/articulo?codigo=6652726

*utilización del Big Data en bibliotecas*[129], *Bibliominería y el conocimiento del usuario de información*[130] y *Aplicaciones del Big Data en bibliotecas*[131].

Para concluir este bloque nos ocuparemos de la gestión documental, un tema que parece más propio de Archivos pero que también debemos conocer. En la práctica, el control documental se suele desdeñar en el trabajo cotidiano de las bibliotecas, pero luego bien que lo lamentamos: no hay nada más frustrante que tener que replicar un proceso y no encontrar el registro documental que nos ayudaría a realizar la tarea sin tener que empezar de cero. Y no será porque no hay bibliografía al respecto, pero para nuestros intereses podemos conformarnos con el artículo publicado por la UOC (Universidad Abierta de Cataluña, otra institución fundamental en Biblioteconomía y afines) con el título de *La gestión documental en las organizaciones*[132]. Para preparar este tema también es necesario conocer los fundamentos de la norma ISO 30300, para lo que por suerte contamos con el resumen elaborado por Carlota Bustelo para la SEDIC, *La serie de normas ISO 30300. Sistema de gestión para los documentos*[133].

Antes de pasar al siguiente bloque, veamos algunas preguntas que podemos encontrarnos referentes a la Bibliografía y Documentación y que deberíamos ser capaces de resolver recurriendo a la bibliografía proporcionada:

*¿Qué identifica un objeto digital sin importar su URL?*

A) El ISNI.
B) El ISRC.

---

[129] https://gredos.usal.es/bitstream/handle/10366/125998/PDFSC_Plan_de_Investigaci%20on-Abd%c3%b3nMart%c3%adn-Zarco.pdf?sequence=1&isAllowed=y

[130] https://www.infotecarios.com/bibliomineria-y-el-conocimiento-del-usuario-de-informacion/#.XiSRAf5KjIV

[131] https://www.biblogtecarios.es/beatrizsomavilla/aplicaciones-del-big-data-en-bibliotecas/

[132] https://openaccess.uoc.edu/bitstream/10609/147130/5/GestionDocumental_Modulo1_LaGestionDocumentalEnLasOrganizaciones.pdf

[133] https://www.sedic.es/wp-content/uploads/2019/06/serie-iso-30300.pdf

C) El DOI.
D) El DAIs.

Aun sin conocimientos previos (esta es una cuestión para la que no es necesaria estudiar si se tiene una mínima experiencia en el campo), un simple repaso al material facilitado sobre identificadores nos sirve para saber que la respuesta correcta es la C sin ningún género de dudas, y la pregunta está extraída de una prueba para facultativos, así que en teoría la exigencia es máxima. Otra pregunta sacada del mismo examen e igualmente sencilla:

*¿Quién gestiona la Agencia del ISBN en España?*

A) La Biblioteca Nacional.
B) La Federación de Gremios de Editores de España.
C) El Ministerio de Cultura y Deporte.
D) La Federación de Asociaciones Nacionales de Distribuidores de Ediciones.

El único pequeño truco de la pregunta es que la gestión es de la FGEE, aunque la titularidad siga perteneciendo al Ministerio de Cultura, una cuestión básica que aparece en cualquier resumen del tema.

*¿Cuál de los siguientes no se considera un resumen documental?*

A) Indicativo
B) Informativo
C) Reflexivo
D) Analítico

En esta ocasión he elegido un cuestionario de ayudantes, pero la resolución es igualmente sencilla recurriendo a un simple esquema del tema correspondiente a indización y resumen. El mismo estudio esquemático sería suficiente para solventar la siguiente pregunta, contenida en el mismo cuestionario para ayudantes:

*La notación USE es utilizada en el tesauro para la relación semántica de:*

A) Pertenencia
B) Equivalencia
C) Asociación
D) Nota

Como se ve, no es necesario un estudio exhaustivo de las normas ISO para poder superar con éxito este tipo de cuestionarios. Los artículos o capítulos que hemos ido viendo, u otros similares que el opositor puede recopilar por su cuenta, incluso en algunos casos los temarios de oposiciones disponibles, son suficientes para llevar a cabo un estudio completo, siempre que se sepa priorizar la información útil, descartar la superflua e insistir en la fundamental.

TECNOLOGÍAS DE LA INFORMACIÓN

Como ya comenté de pasada, el bloque de Tecnologías de la Información no es de mis predilectos, y no precisamente porque cambie continuamente, ya que más allá de las actualizaciones pertinentes, el conjunto de los temas sigue siendo el mismo desde hace años, pese a que en algunos casos hayan quedado desfasados y en otros sean irrelevantes. Pero más allá de gustos personales, el procedimiento sigue siendo el mismo que con el resto de los bloques, especialmente en la preparación de una prueba tipo test, ya sabemos la cantinela:

búsqueda de fuentes, recopilación de información y repaso de datos. Como vengo haciendo hasta ahora, a continuación veremos algunos recursos básicos y preguntas que podemos encontrarnos en tests oficiales.

Una vez más, si no queremos profundizar demasiado en el tema de Internet, que personalmente creo que no es necesario, podemos conformarnos con lo que encontremos en Wikipedia sobre Gobernanza, ICAAN y W3C, que es lo que yo hice, pero sí no te quedas tranquila, puedes consultar las páginas oficiales de estas organizaciones y apuntar sus recomendaciones y estándares[134]. Para el tema de OPACs y herramientas de descubrimiento disponemos de dos buenos artículos que nos ofrecen todo lo que necesitamos saber sobre catálogos en línea y los nuevos programas integrados de recursos electrónicos: *Opac-portal: una nueva forma de ofrecer los recursos y servicios de la biblioteca*[135] y *Herramientas de descubrimiento: ¿una ventanilla única?*[136].

Estos temas son un claro ejemplo de la ventaja de preparar un test antes que un tema para su desarrollo, ya sea escrito o para la presentación oral (quizá todavía peor para el tema escrito, que es más extenso). Sin embargo, por aburrido o incomprensible que sea, para la preparación de un test nos debería dar igual el tema que tratemos, nosotros a lo nuestro. Así, en el apartado del intercambio de información no nos complicamos la vida y recurrimos a textos donde todo está claro y podemos extraer los datos que necesitamos. Para el protocolo Z39.50 (a veces con saber de su existencia sería suficiente), disponemos de *Protocolo Z39.50 una herramienta importante en la recuperación de información*[137]. Y si para este protocolo, el más importante, no sería necesario entrar en muchos detalles, qué decir de los otros lenguajes de búsqueda e intercambio de información. Así que nada de perder la cabeza con datos técnicos que no nos van a servir más que para liarnos, y simplemente conocer la existencia de los diferentes lenguajes y su significado, lo que podemos leer en la entrada del blog de Miguel Díaz Romero *Protocolos y lenguajes de búsqueda*

---

[134]  https://www.w3.org/WAI/standards-guidelines/es
[135]  http://eprints.rclis.org/13218/1/opac-portal.pdf
[136]  https://redc.revistas.csic.es/index.php/redc/article/view/880/1209
[137]  http://eprints.rclis.org/9556/

*e intercambio de la información: Z39.50, SRU/SRW, OpenURL, OAI-PMH*[138], en el que nos encontramos con el esquema prácticamente hecho.

El tema de los metadatos es otro en el que podemos caer en la trampa del TMI (*too much information*), ya que contamos con una amplia bibliografía general y específica, especialmente en inglés. Pero para nuestros propósitos nos podemos conformar con lo que encontremos en un temario. Para una aproximación genérica es útil recurrir a la guía de la CEPAL *Gestión de datos de investigación*[139], y para saber algo más sobre Dublin Core, Schema, METS o cualquier tipo de metadatos usados en bibliotecas tenemos a nuestra amiga Wikipedia[140].

Y si el tema de los metadatos es árido, el de la digitalización de documentos se lleva el premio a la antipatía. Por suerte, podemos quitárnoslo de en medio con la *Guía de aplicación de digitalización de documentos*[141], elaborada por Ministerio de Hacienda, o las *Recomendaciones Técnicas para la digitalización de documentos*[142] de la Junta de Andalucía. En cuanto a la gestión de proyectos de digitalización, un tema solo un poco menos desasosegante, disponemos de las *Directrices*[143] del Ministerio de Cultura, específicamente dedicadas a Archivos y Bibliotecas, y del documento de trabajo de la BNE[144].

Seguimos en terreno pantanoso con los lenguajes de marcado, pero siempre tenemos ahí la Wikipedia[145] para cumplir el trámite. En cuestiones informáticas la enciclopedia en línea es muy fiable, y para nuestras ambiciones la

---

[138]   http://migueldiazromero.blogspot.com/2016/07/protocolos-y-lenguajes-de-busqueda-e.html

[139]   https://biblioguias.cepal.org/gestion-de-datos-de-investigacion/metadatos

[140]   https://es.wikipedia.org/wiki/Metadatos

[141]   https://www.hacienda.gob.es/Documentacion/Publico/SGT/CATALOGO_SEFP/284_11.Guia%20de%20aplicacion%20de%20digitalizacion%20(acc).pdf

[142]   https://www.juntadeandalucia.es/cultura/archivos_html/sites/default/contenidos/general/Recomendacioes_Tecnicas/RecomendacionesTecnicas/002_Recomendaciones_tecnicas_digitalizacion_14032022.pdf

[143]   https://travesia.mcu.es/items/e32ed06a-3005-4089-ba53-0cf943502de4

[144]   https://www.bne.es/sites/default/files/repositorio-archivos/proceso_digitalizacion_bne_2024.pdf

[145]   https://es.wikipedia.org/wiki/Lenguaje_de_marcado

información que proporciona es más que suficiente. Además, con sus enlaces y bibliografía siempre podremos profundizar si creemos necesitar aclaraciones. En este bloque estoy incidiendo en la necesidad de ir a lo más básico, porque estamos lidiando con conceptos y términos que desde luego tienen un papel fundamental en algunas áreas del desempeño bibliotecario, pero que son ajenos a la mayoría de los opositores a este cuerpo y además sería un desperdicio de recursos dedicarle más atención que la estrictamente necesaria para solventar las preguntas que nos puedan caer sobre esta materia tan especializada.

Para el tema de la accesibilidad de las páginas web propongo la *Guía*[146] elaborada por la Universidad de Alicante, que también dispone de bibliografía para profundizar en el tema si se cree necesario, y las pautas elaboradas por la W3C[147]. Para la gestión de recursos electrónicos contamos con un buen artículo de Ricardo Eíto-Brun, *La gestión de recursos electrónicos en bibliotecas: la oferta de Innovative*[148] y para los repositorios institucionales podemos encontrar toda la información necesaria y más en *Los repositorios institucionales: evolución y situación actual en España*[149]. Para concluir con los datos enlazados, es recomendable visitar un post del blog de la BNE que nos proporciona una somera descripción de este concepto en *Datos enlazados: qué son y para qué sirven*[150], y para entrar más en materia al artículo *Linked open data en bibliotecas: estado del arte*[151]. Terminemos el bloque con algunas preguntas de test.

*¿Qué describen las Pautas de Accesibilidad del Agente de Usuario (UAAG2) desarrolladas por el World Wide Web Consortium (W3C)?*

[146]  http://accesibilidadweb.dlsi.ua.es/

[147]  https://www.w3.org/WAI/standards-guidelines/wcag/es#versions

[148]  https://revista.profesionaldelainformacion.com/index.php/EPI/article/view/epi.2008.may.13/21671

[149]  https://gredos.usal.es/bitstream/handle/10366/138583/978-84-9012-774-2-0039-0084.pdf;jsessionid=1C7A0182DCF31ED1E85A59D9C5485EC2?sequence=1

[150]  https://www.bne.es/es/blog/blog-bne/post-66

[151]  https://informationr.net/ir/25-2/paper862.html

A) Cómo hacer que el contenido Web y los sitios Web sean accesibles.

B) Cómo hacer que las herramientas de creación web produzcan contenido conforme a las WCAG y que sean accesibles para las personas con discapacidades.

C) Cómo promover el uso de metadatos facilitando su generación de forma automática.

D) Cómo hacer que los navegadores y los reproductores multimedia sean accesibles, y cómo garantizar su interoperabilidad con las tecnologías de asistencia.

Se trata de una pregunta de apariencia abstrusa, pero cuya solución está disponible en las pautas de la W3C que he facilitado. En cualquier caso, se trata de una pregunta para facultativos, de quienes se espera un estudio más detallado de este tipo de cuestiones, mientras que un auxiliar puede toparse con preguntas como:

*¿Qué significa OPAC?*

A) Catálogo de acceso permitido en línea.
B) Catálogo de acceso permitido en local.
C) Catálogo de acceso público en línea.
D) Catálogo de acceso público en local.

Aunque real (se trata de una pregunta de un ayuntamiento valenciano), esta pregunta puede ser demasiado sencilla, pero sirve para que no nos olvidemos de el nivel exigido para cada una de las escalas y que el conocimiento más básico también cuenta: de poco sirve conocer el funcionamiento técnico de protocolos informáticos si no sabemos el significado de unas simples iniciales.

> ¿Cuál de los siguientes elementos propuestos no es un estándar de metadatos?
>
> A) PREMIS
> B) METS
> C) Dublin Core
> D) RDA

Ya hemos visto una pregunta de facultativos, una de auxiliares, y esta corresponde a ayudantes de la Universidad de Valladolid. Nada que no podamos encontrar en Wikipedia o con una lectura genérica sobre el tema de metadatos en bibliotecas: estudiar con tesón y atención, pero no dispersarse en datos que van más allá de nuestro propósito, tal sería el fondo teórico del estudio de este bloque.

## HISTORIA DEL LIBRO Y DE LAS BIBLIOTECAS

Tras transitar por el campo minado de las Tecnologías de la Información, pasemos a mi bloque preferido, el de Historia del libro y de las bibliotecas, mucho más ameno y divertido. Este es el apartado que más dudas provoca respecto al «puede caer cualquier cosa», y es cierto que quien tenga un bagaje cultural ya tendrá eso ganado, mientras que es imposible realizar un estudio pormenorizado de lo que se conoce como «cultura general». En cualquier caso, este tipo de preguntas del estilo *¿con qué nombre es conocido el pintor José Victoriano González-Pérez?*[152] no son muy numerosas y pueden servir para mejorar la nota, pero no son determinantes para aprobar. Eso sí, nunca está de más tener algún punto extra, así que para hacer un repaso que nos puede ser útil podemos leer algún manual de instituto de Literatura e Historia (por lo que cuentan, si es de hace unos años, cuando el nivel era más alto, mejor).

---

[152] Juan Gris.

También se puede recurrir una vez más a Wikipedia, una fuente que en este caso puede parecer inadecuada, pero puedo dar testimonio en primera persona de su valía. Unos días antes del examen de Auxiliares leí su página sobre Historia de España (refrescar alguna fecha, tener presente algún nombre) y en el momento del examen pude acertar una de las cuestiones gracias a esta revisión que no me llevó más de media hora.

Respecto a las preguntas puramente centradas en la Historia del libro y de las bibliotecas, contamos con algunas lecturas muy útiles. Vamos a encontrar prácticamente todos los datos necesarios en los libros de Hipólito Escolar *Historia de las bibliotecas* (Salamanca: Fundación Germán Sánchez Ruipérez; Madrid: Pirámide, 1990) y su *Historia del libro* (Madrid: Fundación Germán Sánchez Ruipérez, 1996). Otro manual clásico que no pasa de moda es la *Historia del libro* de Svend Dahl (Madrid: Alianza, 2007), que cuenta con numerosas ediciones. Se trata de libros que se publicaron hace ya bastantes años, pero como estamos ante una materia en la que ha habido pocos avances, y para lo que nos interesa tampoco es necesario estar a la última, con su lectura, que además es muy informativa y agradable, tenemos más que suficiente. Por una parte, cualquier bibliotecario tiene que conocer, aunque sea de manera somera, los hechos que se cuentan en estos libros; y por otro lado no se trata de un estudio tan en profundidad como el recomendado en los otros apartados, sino que con una simple lectura ya tendremos suficiente en casos en los que la exigencia del programa no sea excesiva, mientras que sí es necesario un mayor nivel de implicación, con la pertinente toma de datos en el mismo momento en que se realiza la lectura sería suficiente. No es necesario aprenderse los libros de memoria, sino que con tener claras algunas fechas y nombres es suficiente. Veamos.

*¿Qué es una hagiografía?*

A) Obra que contiene vida de santos.
B) Obras de personajes históricos.
C) Ninguna es correcta.

Para algunas personas resultará una cuestión sencillísima, mientras que otros no tendrán ni idea. O se venía al examen sabiéndola o es poco probable que nos lo encontremos en algún lugar recóndito del temario (aunque fue un género muy popular en la Edad Media, así que puede que Escolar o Dahl lo mencionen). En este caso concreto, planteado por el ayuntamiento de Madrid en una prueba para auxiliares, nos encontramos con la duda del 50% (la simple inclusión del sufijo -grafía ya nos da pistas de que es una de las dos primeras opciones planteadas). Así que aunque no se sepa la respuesta, en este caso yo aconsejaría arriesgar echándole un mínimo de lógica. Como las obras de personajes históricos sabemos que se conocen como biografías, marcamos la opción A) y ya tenemos un punto en el bolsillo.

*¿En qué localidad se encuentra el monumento funerario Torre de los Escipiones?*

A) Córdoba
B) Cádiz
C) Tarragona
D) Gerona

Aquí nos encontramos con las mismas, o se sabe o no. Pero ahora la deducción es más complicada. Si hubiera que apostar, y como lo de los Escipiones nos suenan a romanos, podríamos decir que Tarragona... Y acertaríamos. Pero se trata de uno de esos casos en los que si no se tiene ninguna certeza y las pistas son poco sólidas, lo mejor es no tentar la suerte y dejar para otros aquello de *audentes Fortuna iuvat* (la fortuna favorece a los valientes).

*¿En qué año y por quién fue creada la Real Biblioteca Pública, antecedente de la actual Biblioteca Nacional de España?*

A) Fue creada en 1711 por Felipe V

B) Fue creada en 1761 por Carlos III
C) Fue creada en 1712 por Felipe IV
D) Fue creada en 1716 por Juan Ferreras

Este sí es un ejemplo claro de historia de las bibliotecas, cuya respuesta además ya vimos más arriba. Por supuesto, esta pregunta es especialmente relevante en las oposiciones del Ministerio de Cultura, de donde la he extraído, pero en cada convocatoria tendremos que dedicar especial atención a la institución convocante, como ya he señalado con anterioridad. Aunque aquí estoy realizando un repaso genérico, es obvio que hay que estar atentos a las especificaciones propias de cada convocatoria, donde se señalarán los temas concretos que habrá que estudiar, y en el caso de historia y cultura seguro que será necesario prestar atención a las particularidades propias de cada organismo, ya sea la historia de una universidad o de un municipio.

De la misma manera, y aunque es evidente no está de más subrayarlo, la bibliografía que he venido facilitando hasta el momento es general y para temas amplios. Si en la convocatoria se especifica un tema más concreto o se pone énfasis en ciertos aspectos, la opositora deberá preocuparse de hacerse con la bibliografía correspondiente, a menudo utilizando las mismas fuentes que he señalado (editoriales, revistas, instituciones oficiales, páginas web) o los artículos adecuados que encontrará en línea.

A lo largo de este capítulo he intentado exponer un método que facilite la labor de preparación del test, pero no quiero dejar la sensación de que se trata de un proceso sencillo que no exige demasiado esfuerzo. Si se sigue un sistema coherente y se mantiene la disciplina de estudio, indudablemente se va a ir mejor preparado a la prueba, pero también hay que tener en cuenta que la competencia va a ser dura y quizá masiva, y que el nivel exigido puede ser superior al esperado. Por eso no hay que confiarse en ningún momento y seguir el método, que podemos recitar de nuevo para concluir este capítulo: buscar y recopilar información, anotar datos, repasar una y otra vez los apuntes, hacer tests hasta sabérnoslos de memoria, aprobar el examen.

# Ejercicio práctico

Cuando me presenté a las oposiciones de Auxiliar del Ministerio de Cultura en realidad estaba preparando la prueba de Ayudantes, pero como el temario era similar decidí probar suerte tras unos meses de estudio específico de la prueba de test siguiendo el método que hemos visto en el apartado anterior. Sorprendentemente, obtuve una buena nota y llegué a la segunda prueba, los conocidos como casos prácticos, sin ninguna preparación previa. Se dio, pues, la peor de las circunstancias posibles: exceso de confianza y desconocimiento oceánico. El resultado fue el esperado, un desastre absoluto, y tuve que poner todas las esperanzas en la oposición de Ayudantes.

Al contrario que con el test, no tenía apenas pistas sobre cómo preparar los casos prácticos y cometí el error de improvisar y confiar exclusivamente en mis conocimientos bibliotecarios, que además por aquella época eran bastante limitados. Pero está claro que para aprobar unas oposiciones no es suficiente con tener suerte y el peor consejo que te puedes dar a ti mismo es que lo vas a sacar porque tú lo vales. Una vez más, es necesario el estudio sistemático y estar preparados para lo que nos echen.

En los casos prácticos para auxiliares hay algunos ejercicios que tienen muchas probabilidades de caernos, así que tenemos que dominarlos sin dudar. He elegido el examen de Auxiliar de Bibliotecas de la Junta de Castilla y León de 2022 porque me ha parecido muy representativo de lo que puede ser una prueba de casos prácticos, pero en la web de Glosario de bibliotecas[153]

[153] https://glosariobibliotecas.wordpress.com/

encontraremos multitud de exámenes que nos pueden ser de muchísima utilidad. Para preparar las pruebas, además de lo aprendido durante el estudio del test, también serán de inestimable ayuda los recursos de los que dispone la web Bibliopos[154]. Uno de estos materiales ofrecidos por esta web y que el opositor deberá saber de arriba abajo es su *Curso de ordenación*[155], que nos puede valer para solventar muchas de las cuestiones que se planteen en la prueba. También deberá consultarse el capítulo 9 de la edición de 1985 de las Reglas de Catalogación[156]. Aunque se eliminó en la edición de 1999, este capítulo sigue siendo esencial para la ordenación alfabética de autores y títulos y para la ordenación de encabezamientos de materia. Veamos ahora algunas de las preguntas más comunes:

> *¿A qué tipo de descripción corresponde el siguiente registro bibliográfico?*
> *Un San Pedro «in cathedra« de Alejo de Vahía en Valderas / Miguel Ángel Marcos Villán, Ana Fraile Gómez. En: Brigecio : revista de estudios de Benavente y sus tierras. ISSN 1697-5804. -- Benavente, Zamora : Centro de Estudios Benaventanos «Ledo del Pozo«. -- N. 15 (2005), p. 335-338*
>
> A) Descripción de una parte de una monografía.
> B) Descripción de una publicación periódica.
> C) Descripción de una parte de una publicación seriada.
> D) Descripción de una monografía.

Esta pregunta evidencia la necesidad de estar familiarizado con la descripción en ISBD, pero en realidad bastaría con saber que ISSN hace referencia a las publicaciones periódicas y una lectura atenta del enunciado para concluir que la respuesta correcta es la C. Con esta primera cuestión ya queda claro

---

[154]  https://www.bibliopos.es/
[155]  http://www.bibliopos.es/doc-ordenacion/curso-ordenacion.pdf
[156]  https://www.bne.es/sites/default/files/repositorio-archivos/00000016.pdf

que lo aprendido durante la preparación del test nos será de mucha valía también a la hora de enfrentar el ejercicio práctico.

*Si visualiza en formato MARC 21 el registro bibliográfico de una publicación periódica, ¿qué campo se utiliza para indicar el ISSN?*

A) 020

B) 022

C) 024

D) 026

Hasta hace unos años en las pruebas de auxiliares no se incluían cuestiones referentes a MARC 21, pero últimamente se ha convertido en una práctica habitual, por lo que el opositor deberá conocer aunque sea los fundamentos del formato, incluidas las etiquetas básicas, para lo que podemos utilizar el documento *Marc 21 Bibliográfico y Koha: análisis de ejemplos usuales y campos más usados*[157].

*En un libro sobre fauna de la Península Ibérica ¿cuál sería el auxiliar común de lugar de la notación de la CDU?*

A) (41)

B) (410)

C) (46)

D) (460)

[157]  http://www2.mdp.edu.ar/attachments/article/1322/Catalogaci%C3%B3nKoha.pdf

Como vimos en el tema sobre la CDU en la preparación del test, es necesario conocer algunos de los números principales y auxiliares más comunes, además de los signos utilizados (como los paréntesis que designan entidades geográficas). Y qué más común que saber el número perteneciente a España (460), y conociendo el esquema utilizado por la CDU sabemos que (46) engloba un concepto más amplio, en este caso la Península Ibérica: conocimiento y deducción, no hay manera de pillarnos.

*Indique qué títulos tienen fondos completos para 1992 si se encuentra en la hemeroteca de la biblioteca pública con los siguientes fondos de publicaciones periódicas:*

1 ACTA PEDIÁTRICA ESPAÑOLA (ISSN 0001-6640) (1987-1988), 1989, (1990), 1991-2006.

2 ADICCIONES (ISSN 0214-4840) (1989-1990), (1992-1993), 1994-2003.

3 DRUG AND THERAPEUTICS BULLETIN (ISSN 0012-6543) (2003), 2004-2005, (2006-2009), (2012), 2013-2015, (2016), 2017-

4 REVUE PRESCRIRE, LA (ISSN 0247-7750) 2003-2005, (2006), 2007-

5 ATENCIÓN PRIMARIA (ISSN 0212-6567) 1985-2000, (2001), 2002-

6 MEDICINA CLÍNICA (BARCELONA) (ISSN 0025-7753) 1987, (1988), 1989-2006.

7 NEW ENGLAND JOURNAL OF MEDICINE, THE (ISSN 0028-4793) 1985-1987, (1988), 1989-2001, (2002), 2003-2005 (2006), 2007.

8 REHABILITACIÓN (ISSN 0048-7120) 2001-2016.

9 A TU SALUD (ISSN 1137-3350) (1992), 2003-2011, (2012), 2013-2014.

10 PSICOLOGÍA Y SALUD (ISSN 1405-1109) 2003-

Esta es una pregunta muy sencilla pero que casi siempre cae, así que más vale tener claras las anotaciones para fondos de publicaciones seriadas. Como vemos en la sección de de Bibliopos sobre información de fondos de catálogos de revistas[158]:

Año completo: La biblioteca cuenta con todos los números de la revista que se publicaron ese año.

Año incompleto (entre paréntesis): Faltan algunos números publicados de ese año.

Intervalo de tiempo completo (año, guión, año): La biblioteca cuenta con todos los números que se publicaron desde el año anotado en primer lugar, hasta el último y los comprendidos en el intervalo. Los años se anotan de manera consecutiva y si existen distintos intervalos se separan por comas.

Números sueltos: La biblioteca sólo dispone de los números de la revista anotados.

*Indique el orden adecuado de estas signaturas topográficas en la estantería:*

7(091) MAR his

7/8 SIC his

7.07(091) TAY art

7(460) CAL del

La ordenación es un apartado fundamental en el ejercicio práctico de auxiliares, por lo que más vale que lo tengamos bien claro. Por eso es fundamental conocerse de arriba abajo el documento sobre ordenación que señalé al inicio de este apartado, pues los ejercicios normalmente no van a ser tan sencillos como este. La ordenación por CDU puede tener su miga y aunque en teoría lo sepas bien, luego llega la práctica y siempre surgen las dudas, por lo

---

[158] https://www.bibliopos.es/supuesto-practico-informacion-sobre-los-fondos-en-el-catalogo-de-revistas/

que conviene tener a mano una guía que te ayude a solventar la papeleta, o mejor aún, una persona que se lo sepa de memoria. Pero en el examen no tenemos ese comodín, por lo que es necesario tener claros algunos conceptos básicos.

---

*Establezca el orden correcto de los elementos que se muestran a continuación y que aparecen desordenados.*

1. 6 muñecas de trapo
2. Ingélmo García, Ángel
3. Sánchez Pérez-Castillo, Juan
4. S.O.S. Mamis: la película
5. 101 Dálmatas
6. El estilo del periodista
7. Marcos Alonso, Juan
8. xxi siglos de Historia
9. 20 000 días en la tierra
10. II Congreso de Podología
11. La sombra del pasado
12. V Jornadas de Avicultura 2022
13. La celda 211
14. CSIC
15. Primer Congreso de Apicultura
16. C.S.I.C.
17. Las 3 mellizas
18. A vivir que son dos días

---

Esta es otra de las pruebas que nos van a tocar con toda seguridad en la parte práctica de auxiliares y para la que también podemos prepararnos con el curso de ordenación, además de realizando pruebas que podemos encontrar en línea y en antiguos exámenes, como hicimos con los tests.

*¿Qué información del ejemplar se habrá de trasladar siempre al tejuelo para poder localizarlo?*

A) El número de registro.
B) El código de barras.
C) El tipo de ejemplar.
D) La signatura.

Aquí obviamente la respuesta correcta es la D, pero quiero aprovechar esta pregunta para hablar de otro tipo de pruebas muy comunes. Aunque no he encontrado muchos ejemplos en las últimas convocatorias, así que debe de estar en desuso, no está de más echarle un ojo a la elaboración de signaturas utilizando las marcas de Cutter[159], para lo que una vez más contamos con el *Curso de ordenación*.

Además de las preguntas sobre catálogo y ordenación, un bloque que no falta en los ejercicios prácticos para auxiliares son los casos prácticos, dudas que se le pueden plantear a una auxiliar en su trabajo cotidiano y que debe resolver con solvencia. Si se trata de la redacción de una respuesta, no hay que ponerse retóricas, sino ir al grano y ofrecer soluciones claras y directas, sobre todo mostrar seguridad (aunque en el fondo no se posea). Si la prueba es tipo test, la solución será todavía más sencilla. Para preparar estas cuestiones hay que conocer bien la carta de servicios de la institución a la que nos postulamos, sus normas de uso, las preguntas frecuentes y toda la información que podamos recopilar sobre el funcionamiento de la biblioteca. Como ya adelanté al inicio de esta *Guía*, sería óptimo pasarse por las instalaciones de la biblioteca pertinente y conocer de primera mano cómo se trabaja allí, lo que como mínimo nos dará soltura a la hora de responder a cuestiones cotidianas. Por ejemplo, por seguir con la prueba que he elegido, para responder a la pregunta:

---

[159] http://documentacion-cultura-biblioteca.blogspot.com/2020/07/que-son-las-marcas-de-cutter.html

*Una persona pregunta si puede solicitar la tarjeta de usuario adulto del Sistema de Bibliotecas de Castilla y León por internet. ¿Qué responderíamos?*

A) No, solamente se puede solicitar de forma presencial en cualquiera de las bibliotecas de la red.

B) Sí, se puede solicitar a través de la aplicación informática TABI.

C) Solamente se puede solicitar por internet la tarjeta de investigador.

D) Solamente se puede renovar la tarjeta de usuario adulto a través de internet.

Sería suficiente con haber visitado la web de la Red de bibliotecas de Castilla y León[160] y consultar sus apartados de Información, Bibliotecas, Servicios y Acciones y Proyectos.

Además de las particularidades de cada institución, también hay que tener en cuenta las materias que incluye la convocatoria, que puede incluir por ejemplo una mención a la conservación de fondos, por lo que también deberíamos buscar material de apoyo a este respecto.

Más allá de estas consideraciones sobre la documentación que se debe preparar, hay que tener en cuenta un factor determinante que planea sobre toda esta *Guía*: el tiempo. Si se va bien preparado a la prueba práctica después de haber superado con éxito el test, la exigencia no es excesiva (aunque, como decía al principio de este capítulo por experiencia propia, tampoco hay que ir sobrado), pero aparte de la competencia, sí que tenemos que contar con la limitación del tiempo. A menudo se incluye un gran número de ejercicios y no tenemos tiempo para meditarlos bien, así que una vez más es importante leer bien los enunciados y tras una primera pasada resolviendo las cuestiones que nos parecen más claras ir directamente a responder el resto de cuestiones, sin dejarnos llevar por la melancolía ni las dudas: ahora se trata de demostrar nuestra actitud, tanto como nuestra aptitud, y dejar claro al tribunal que estamos más que preparados para desempeñar el puesto de auxiliares bibliotecarios.

---

[160]  https://bibliotecas.jcyl.es/web/es/bibliotecas-castilla-leon.html

# Prueba escrita y oral

En el apartado dedicado a los tests de esta *Guía* ya hemos visto la bibliografía y los materiales necesarios para la preparación de un temario, así que en este capítulo nos centraremos en el método a seguir para poder afrontar con garantías la prueba escrita y el ejercicio oral. El modelo no es muy diferente a un examen universitario, por lo que la opositora ya tiene los rudimentos necesarios para encarar este tipo de prueba con un bagaje propio, pero no está de más repasar algunos puntos destacados que nos ayudarán a la hora de superar estos exámenes con garantías.

Como pasaba con el test y en general con todas las pruebas de una oposición, la parte más importante de la preparación de un ejercicio es la primera fase, la recopilación de información. Con todos los recursos ya presentados y otros documentos que sirvan para completar cada uno de los temas, el opositor debe personalizar su propio temario. Para ello también cuenta con las bibliografías profesionales[161] que publica la BNE, con monografías y artículos para cada uno de los temas que aparecen en las convocatorias del Ministerio de Cultura para el Cuerpo de Facultativos, pero también útiles para Ayudantes.

Se tiene previsto que esta bibliografía se actualice en 2025, ya incorporando metadatos que permitan su reutilización y personalización por parte de la opositora, pero es conveniente que la estudiante actualice su propio temario

---

[161] https://www.bne.es/es/servicios/servicios-para-bibliotecarios/recursos-para-profesionales-informacion-opositores/bibliotecas

hasta poco antes de la realización del examen, consultando artículos que pueden darle datos de las últimas tendencias, lo que demostrará su interés por la materia y que le pueden hacer destacar entre el resto de opositores. No se trata de estudiar estos artículos en profundidad, sino de leerlos con atención para que «le suene» cualquier nuevo concepto, y que esté atenta a la aparición de alguna innovación importante para que la tenga en cuenta a la hora de incluirla en un tema. Un buen recurso para estar al tanto de las novedades en nuestro campo es suscribirse al boletín de difusión de la información de la BNE[162], un completo informe trimestral con la selección de artículos más destacados de decenas de revistas sobre Biblioteconomía y Documentación, nacionales e internacionales, que además incluye resúmenes en castellano de los artículos más relevantes. Otra vía para consultar los resúmenes que aparecen en el boletín es suscribirse al blog de la Biblioteconomía que aloja la web de la BNE[163].

Los temas con los que trabaje la opositora deben contener toda la información relevante, pero sin extenderse más allá de lo necesario. Después de todo, en el examen no dispondrá de más de una hora para cada uno de los temas en el caso de la prueba escrita y puede que tan solo quince minutos en el ejercicio oral, por lo que en este caso la concisión es también un método. La extensión es variable, ya que hay temas que parece que no dan para rellenar una hora entera, mientras otros se nos pueden antojar como inabarcables. En general, un tema no debería ir más allá de las quince páginas, en las que estaría toda la información relevante, pero que a su vez, cuando esté ya inmersa de lleno en el estudio, la opositora debe reducir a lo más básico. Es decir, el tema debe estar desarrollado con suficiente minuciosidad para que lo comprendamos, pero eso no supone que en el momento de realizar la redacción o la exposición tengamos que incluirlo todo, lo que sería impracticable, sino quedarnos con los puntos más destacados.

Para ello, como cualquiera que haya realizado exámenes de estudios supe-

---

[162]  https://www.bne.es/es/selecciona-tu-perfil/bibliotecarios/difusion-selectiva-informacion

[163]  https://www.bne.es/es/blog/biblioteconomia

riores sabe, lo más apropiado es la realización de esquemas. De hecho, una vez efectuadas las primeras diez, veinte o treinta lecturas, lo que cada opositora crea necesario, sobre todo se van a estudiar los esquemas. Lo importante es tener una imagen mental clara de los puntos básicos que incluye cada tema y después saber expresarlos con claridad y fluidez.

Un inciso, y nos adelantamos por un momento a la realización del examen en sí. También antes de ponerse a escribir el día del examen, es muy recomendable realizar un esquema de cada uno de los temas, de todos ellos. La realización del ejercicio es agotadora física y mentalmente, por lo que puede ser de mucha ayuda que cuando lleguemos al último tema ya tengamos listo un esquema que simplemente tendremos que llevar al papel redactándolo de una manera narrativa.

Esto es todavía más importante en la prueba oral, en la que la limitación de tiempo hace aún más necesario ser sucinto. Antes de *cantar* su tema, la opositora tiene unos minutos para elaborar un esquema: pues bien, lo único que tendrá que hacer es reproducir el boceto que traía preparado de casa y declamarlo con la mayor naturalidad posible.

Volviendo a la fase previa, durante la elaboración de los temas nos encontraremos, además de las divergencias en cuanto a extensión, con la misma variedad en cuanto a dificultad. Esto nos debería dar igual, porque nosotros vamos a los datos y los contenidos pasan a ser secundarios, pero es inevitable que sintamos predilección por unos temas sobre otros. Pues bien, sin masoquismo, pero será precisamente a esos temas que odiamos a los que deberemos dedicar más atención. Puede ser muy divertido leer sobre las bibliotecas de la Antigüedad y un suplicio, no sé, los metadatos, pero tendremos que disciplinarnos y centrarnos precisamente en estos temas malditos para poder tener una base mínima que nos permita superar cada uno de los temas. En estos casos, no hay que enredarse con los conceptos abstractos con los que no tenemos ninguna práctica y que no llegamos a entender del todo: nos limitaremos a memorizar y luego soltar la lección aprendida con firmeza, siempre apoyándonos en los datos.

Porque de poco vale hacer un tema brillante si en otro tenemos que salir del paso con generalidades que no ocultan nuestro desconocimiento profundo. Para superar las pruebas debemos aprobar todos los temas, así que aunque las diferencias sean inevitables, por lo menos debemos tener un suelo de conocimientos de cada materia. En el caso del desarrollo escrito, si conocemos muy bien un tema de los que nos ha tocado, podemos dedicarle algo más de tiempo para dejar una buena impresión, pero eso no significa que seamos negligentes con los temas más antipáticos, sino que como mínimo debemos demostrar que sabemos de lo que hablamos, y para ello hemos tenido que ser constantes durante la fase de estudio. En el caso del oral, debido a la limitación de tiempo, tampoco será necesario entrar en profundidades y con demostrar que estamos al tanto de los puntos fundamentales podemos cumplir el expediente.

Por cierto, en los exámenes normalmente se da la opción de elegir entre dos temas por cada bloque. Parece obvio que la decisión será sencilla, solo tenemos que decantarnos por el tema que nos sepamos mejor. Pero cuando estás frente a la hoja en blanco, con los nervios, los datos que se te cruzan, las prisas, puedes perder un tiempo precioso antes de elegir la opción final. Esto hay que evitarlo. E incluso aquí podemos prepararnos de manera previa: unos días antes del examen, repasas la lista de los temas, y vas eligiendo, ojalá salga este, este otro no lo pillo ni loco, entre estos dos, no sé, a ver… Valoras pros y contras y te quedas con el mejor. Todo ese tiempo, que tan útil te será el día del examen, te lo habrás ahorrado con un ejercicio tan sencillo.

Después de elegir los temas y de realizar los esquemas, no tenemos tiempo que perder. En el caso de la prueba escrita, la redacción debe ser sencilla, con frases cortas, en las que cada oración tenga sentido, nada de recursos estilísticos que no engañan a nadie. Vas completando los puntos que has señalado en el esquema, puedes añadir algo que te haya aparecido por inspiración, completas las conclusiones con la información que crees que debes colocar y no sabías cómo, y a por el siguiente tema. Solo cuando ya hayas completado todos los temas (siempre debes mantener un ojo puesto en el reloj), y si tienes suerte de que te ha sobrado algo de tiempo, puedes realizar un repaso. Aunque siempre queda feo, no debes darle demasiada relevancia a la ortografía o la gramática (yo mismo me he descubierto durante la lectura faltas groseras que me hicieron palidecer pero ante las que el tribunal no mostró ningún espanto, solo uno de ellos está leyendo la copia del examen y supongo que suficiente tendrá con mantener la atención). Lo fundamental aquí es que no se te quede nada importante sin mencionar, aunque sea metiéndolo con calzador. Es a lo que va a estar atento el tribunal, a que hayas mencionado todo lo que está en su propio esquema.

Respecto a la preparación previa del examen oral, nos enfrentamos a lo que para mí es más complicado de todo el proceso de las oposiciones. Y no porque la prueba en sí sea mucho más difícil que las demás, sino porque aquí el factor nervios juega un papel determinante. Lo de plantarte ante un tribunal y soltar tu perorata es para mucha gente un trago muy difícil asimilar, y de hecho es la prueba que tira para atrás a más gente para no presentarse al puesto de Facultativo. Sin embargo, debemos tomárnoslo como un trámite más, cumplirlo con profesionalidad y seguir adelante. Después de todo, si no eres capaz de superar un ejercicio oral quizá no mereces ser facultativo.

Como veíamos, el ejercicio en sí no es tan complicado. A estas alturas te sabes los temas del derecho y del revés, así que para rellenar quince minutos tienes material de sobra. La cuestión es controlar los nervios y demostrar lo que sabes. Para ello, como siempre, hay que estar preparada. Desde el momento en que sepas que has aprobado la prueba anterior, tienes que empezar a realizar ejercicios prácticos en tu casa (o en el parque, pero no en las bibliotecas). Sacas un tema al azar, haces el esquema, y a soltar la matraca cronómetro en mano. Cuando ya tengas soltura, lo puedes hacer con la radio o la tele encendidas, para demostrar tu impavidez y que nadie te va a sacar del modo declamatorio. Y cuando ya estés lista, convocas a un tribunal de confianza, que puede ser una única persona, y le vuelves a echar el rollo hasta que pida clemencia. Así, cuando llegue el día del examen, todo tiene que funcionar de manera automatizada: sacas los temas, eliges el que ya sabías que ibas a elegir, trasladas el esquema de tu mente al papel, miras al tribunal a los ojos y recitas la lección. Todo se ha acabado y ni te has enterado.

Bueno, en realidad todavía queda un paso, de no poca importancia: las preguntas del tribunal. Es costumbre que después de cantar los temas los miembros del tribunal hagan algunas preguntas a la opositora. Estas pueden ser de dos tipos: las que ayudan a la opositora a incluir algún dato que se le había pasado meter en su exposición pero que ahora tiene la posibilidad de demostrar que conoce (*¿y qué bases de datos utilizarías para tal trabajo de investigación?*); y las preguntas puñeteras que van a pillar. Las primeras son una segunda oportunidad que debemos agradecer al amable miembro del tribunal que nos la ha facilitado[164], mientras que las segundas nos ponen en un brete que tenemos que solventar de la mejor manera posible. Si no se sabe la respuesta correcta, siempre se puede dar una opción alternativa.

*¿Y qué me dice del Eigenfactor?*
*(Sonido de grillos).*

Pero como hemos desarrollado el tema de los índices y factores de impacto, podemos hablar de las altmetrics, del índice h y salir del paso. El tribunal va a saber que no conoces la respuesta, pero has demostrado una buena actitud y que tienes recursos, y no debemos olvidar que en la prueba oral casi tan importante como los conocimientos es el saber estar, demostrar que estás capacitada para un puesto de responsabilidad como el que conlleva ser facultativa y que no te quedas con la boca abierta, sino que vas a saber salir de situaciones comprometidas con entereza y sin parpadear.

En el caso del examen oral pasamos el trago del tirón, pero en la prueba escrita, tras concluir el examen llegan los días de angustia antes de la lectura, en los que surgen los remordimientos y te das cuenta de que no pusiste que... Eso es normal, siempre se va a quedar algo fuera, siempre te parecerá que lo podías haber hecho mejor. Pero eso da igual, ya no se puede cambiar lo escrito y toca defender tu ejercicio. Por cierto, por muy mal que te parezca que lo has hecho, por muy desastroso que tengas la impresión que ha sido el examen, hay que ir a la lectura. Por un lado, quién sabe, no conoces el nivel de los otros opositores, la predisposición del tribunal o incluso el factor suerte. Pero, sobre todo, tienes que pasar por esa experiencia. Aunque sea cierto que ha sido una debacle, no te vas a rendir tan pronto, y pasar por el trámite de la lectura pública te servirá de ayuda la próxima vez que lo intentes.

---

[164]  Y aprovecho la ocasión para hacerlo: ¡gracias!

Ah, y otra cosa que está prohibida: echar la culpa de un suspenso al tribunal. Si tu examen ha sido maravilloso, si tú has completado todos los temas, lo has bordado, pero por algún motivo el tribunal te tiene manía, la próxima vez que te presentes te va a pasar lo mismo, podrás estar muy satisfecho de tu desempeño pero vas a volver a suspender. No, si caes en el examen tienes que analizar qué ha podido pasar, cómo puedes mejorar, qué tienes que trabajar más para poder superarte. Puede que la culpa la tengan los demás, pero lamentarnos no nos va a servir de nada, es nuestra única responsabilidad seguir mejorando.

Respecto a la lectura ante el tribunal, aunque siempre hay que tener en cuenta el factor personal, no creo que sea determinante. Hay estudios que demuestran cómo la hora del día en la que un juez firma una sentencia influye en su benevolencia o severidad, y los tribunales de oposiciones de bibliotecas, como seres humanos que son, tendrán sus preferencias y manías, pero aunque esto se pueda reflejar en la nota, sinceramente no creo que afecte a la hora de decidir un aprobado o un suspenso. Como es lógico, hay miembros del tribunal más duros y otros más empáticos, pero suelen compensarse entre sí, por lo que la media suele ser bastante justa.

Para dejar el menor margen posible ante el factor humano, el opositor debe comportarse con la mayor corrección posible. Hay algunos opositores que se presentan con traje y corbata y opositoras que visten sus mejores galas; también hay otros postulantes que se presentan totalmente desastrados (lo he visto con incredulidad con mis propios ojos). Mientras el exceso de formalidad no es necesario (aunque si el opositor se siente más cómodo así, tampoco es reprobable), el presentarse de manera descuidada ante el tribunal puede ser observado por algunos de sus miembros como una falta de respeto o de interés, así que, en este caso, por muy a gusto que se sienta el opositor con sandalias, calcetines y pantalones cortos, mejor que mantenga algo de decoro.

Como pasa con la presentación oral, también la lectura tiene su preparación previa, y no nos cuesta nada ensayar un recitado en voz alta en nuestra casa los días previos a la presentación del tribunal. Y si es con público, mejor. Durante la lectura es conveniente que no te tiemble la voz, que no te trabes, que no se te seque la garganta[165]. Pero soy consciente de que luchar con estos elementos es como pedir que te quedes quieto si te ataca un oso. Lo importante es mostrar entereza, seriedad y buena disposición.

[165] Esto me ha sucedido siempre a mí: en un manual sobre preparación de oposiciones genéricas leí que es conveniente dejar de fumar antes de iniciar el estudio. ¡No! No se me ocurre peor momento que un proceso selectivo de oposiciones para dejar el vicio. Esto no lo digo como recomendación, claro está.

# Catalogación e idiomas

Las pruebas de catalogación e idiomas suponen una preparación particular que va más allá de las ambiciones de esta *Guía*, por lo que este capítulo será breve, pero daré algunas pistas que pueden ayudar a quienes se presentan por primera vez a la oposición de Bibliotecas.

En el caso de la catalogación, el ejercicio estrella de las pruebas para Ayudantes, si no se tiene ninguna experiencia previa en este campo será necesaria la realización de algún curso sobre MARC 21. Estos pueden ser simplemente introductorios (conocer los rudimentos del formato y cómo se completa un registro MARC) o más en profundidad y personalizados. Recuerdo que cuando hice la carrera de Historia, en la asignatura de Paleografía había personas que desde el primer día sabían leer textos medievales como si estuvieran escritos con Times New Roman, mientras que para otros tratar de comprender la escritura uncial no se diferenciaba demasiado de intentar descifrar un jeroglífico. Con MARC pasa algo parecido, hay personas que parecen dotadas de manera innata para su utilización, mientras que a otras no les entra en la cabeza, aunque con mucha práctica todo es posible. Yo no soy una persona especialmente dotada para la catalogación (ni para la Paleografía), pero tras realizar un somero curso y, eso sí, mucha práctica, pude aprobar el examen de catalogación la primera vez que me presenté, así que no se trata de un objetivo insalvable.

En realidad, para realizar profesionalmente un registro MARC hacen falta años de experiencia, y aún así siempre va a haber dudas y errores. Sin embargo, en un ejercicio de oposiciones no se nos va a exigir ese nivel profesionalidad, aunque sí unos mínimos de conocimientos (normalmente un segundo nivel de detalle, es decir, algo más que las principales etiquetas de MARC) y evitar las equivocaciones más llamativas, como pueden ser los errores en los encabezamientos.

Aparte de realizar el curso, solo nos queda hacer cientos de registros para alcanzar la soltura suficiente que nos permita realizar el ejercicio con garantías. Para ello, es importante comparar nuestros ejercicios con los registros que aparecen en los catálogos de las bibliotecas. Lo obvio sería compararse con el catálogo de la institución a la que nos presentamos, pero lo óptimo es encontrar un catálogo en el que confiemos y atenernos a su estilo. Porque aunque la catalogación está perfectamente reglada, no hay dos catálogos iguales, ni tan siquiera dos catalogadores iguales. Puedes pedir a dos catalogadoras eficientes, profesionales y con amplia experiencia en la misma institución que realicen el registro de una monografía, y cada una incluirá detalles diferentes. No es que uno esté bien y el otro mal, pero hay matices que dejan cierto margen para expresar la personalidad de cada catalogadora.

Reconozco que, como me pasó con los tests, la práctica de realizar cientos de registros con MARC llegó a gustarme (por absurdo que me parezca el formato). Mientras que preparar los temas es una tarea que puede ser muy aburrida y reiterativa, rellenar campos MARC puede convertirse incluso en un pasatiempo entretenido. Y aunque adolece de cierta monotonía (lo cual es bueno, así no te llevas sorpresas el día del examen), también hay una gran variedad dentro de los registros, ya que las pruebas pueden incluir la realización de registros, además de monografías, de publicaciones periódicas, material audiovisual o registros de autoridades.

Además del conocimiento de MARC, el opositor también deberá conocer bien las Reglas de Catalogación[166]. Esto no significa que se las deba saber de memoria (de nuevo, esto es algo a lo que se llega con años de práctica), ya que además podrá llevar su propia copia el día del examen. Lo importante es que sepa dónde encontrar la información necesaria sin perder el tiempo, que tenga las Reglas tan trabajadas que pueda consultar el dato preciso sin dudar.

---

[166]  https://www.bne.es/sites/default/files/repositorio-archivos/reglas-catalogacion_0.pdf

De la misma manera, la opositora también podrá consultar las normas de MARC[167], pero se trata de un texto tan extenso que previamente habrá tenido que hacer el expurgo pertinente, lo que le evitará perderse en la maraña de datos que es MARC. Otro documento con el que podrá contar (es habitual ir al examen de catalogación con una maleta) es la CDU en su versión abreviada. De nuevo, la clave es tener desenvoltura para saber manejarla con prontitud y no darle demasiadas vueltas a las diversas opciones que se nos plantean. Por último, la opositora también dispondrá de la lista de encabezamientos de materia[168], a la que tendrá que atenerse a la hora de realizar el registro bibliográfico y de la que previamente tendrá que conocer su formato para no caer en errores que pueden ser descalificadores de entrada.

La prueba de idiomas no suele ser la más determinante en un proceso de oposiciones de Bibliotecas, pero eso no debe ser motivo para ser negligentes en su preparación. No es por asustar, pero conozco casos (en plural) de personas con un gran dominio del inglés que superaron la prueba con grandes apuros. Por otra parte, también es constatable que muchas personas sin el más mínimo conocimiento de un tercer idioma han aprobado sin excesivos problemas. Además, hay un error en algunas convocatorias que da un peso desproporcionado a la prueba de idiomas respecto a otras mucho más complicadas, por lo que si somos hábiles podemos aprovechar esta anomalía para subir nota.

En este caso, la clave es centrarse en los términos puramente bibliotecarios. A una persona habituada a leer en inglés, pero sin experiencia en bibliotecas, el concepto de *call number* puede sonarle a extravagancia, pero se trata de algo tan común como *signatura*. De la misma manera, los falsos amigos pueden llevar a traducir *cultural heritage* como *herencia cultural*, cuando lo correcto es *patrimonio cultural*, y un error de este calibre denotaría un desconocimiento que puede ser fatal. Aunque en algunas pruebas el opositor puede contar con diccionarios (incluidos diccionarios especializados en biblioteconomía), las prisas pueden llevar a cometer equivocaciones cantosas que es mejor evitar.

[167] https://www.bne.es/es/publicaciones/marc21-registros-bibliograficos

[168] https://www.culturaydeporte.gob.es/dam/jcr:1a2b2d40-a954-47fb-abb1-e5d9ac1ff958/lista-abreviada-de-encabezamientos-de-materia-bne.pdf

Para prepararse este tipo de pruebas, lo mejor es leer muchos artículos en inglés. Además de los que podemos encontrar en el blog de biblioteconomía de la BNE ya citado, una fuente imprescindible es el *IFLA Journal*[169], una publicación gratuita que se puede consultar en línea y de la que muchas veces se seleccionan artículos para realizar las pruebas. Si tenemos la suerte de que uno de los artículos con los que hemos practicado cae en el examen, miel sobre hojuelas. Otra fuente que últimamente es muy utilizada en las pruebas de idiomas son las directivas de la Unión Europea concernientes a la cultura. Estos textos tienen la ventaja de que están traducidos a todos los idiomas de la UE, por lo que su resolución puede contrastarse con una traducción oficial, lo que evita equívocos y reclamaciones. Lo malo es que se utiliza un lenguaje técnico y «legalista» que nos puede sonar ajeno, por lo que también es apropiado estar familiarizados con esta terminología profesional antes de enfrentarnos a su traducción.

Si se exige un tercer idioma, el procedimiento es el mismo. No se va a pedir un nivel C2, pero tener ciertos rudimentos de la jerga bibliotecaria y alguna soltura a la hora de trasladar las palabras y expresiones más comunes siempre es de ayuda. Nos puede parecer que el portugués o el italiano (a ver quién se atreve con el alemán) son fáciles de entender, y de hecho así suele ser, pero mejor andarse con cuidado y no confiarse en exceso.

Una cuestión que se suele plantear el opositor es si debe primar la calidad o la cantidad. Sobre esto no hay una respuesta segura, pero el consejo que se suele dar es que se dedique especial cuidado a la primera parte del texto (por ejemplo, las primeras 300 palabras), y si hay tiempo a continuación dejarse llevar y traducir la mayor cantidad de texto posible, sin descuidar un mínimo de calidad[170]. En el caso de que se presente un texto cerrado, lo más aconsejable es traducirlo en toda su extensión.

Si la prueba de idiomas incluye una parte oral, tampoco debemos asustarnos. Cuando se trata de un documento leído que debemos resumir, se suele tratar de textos simples y bien declamados. Podemos prepararnos para esta

---

[169] https://www.ifla.org/ifla-journal/

[170] Además, como decía Karl Marx (o Woody Allen), la cantidad afecta a la calidad.

prueba viendo series o películas en versión original o escuchando podcasts en inglés. Mucha gente se asusta ante esta prueba, dado el bajo nivel general de los españoles para los idiomas, pero, de nuevo, todos nos enfrentamos a la misma prueba, así que no hay que tenerle un excesivo respeto. Lo mismo pasa si hay que afrontar una prueba de conversación: con tener preparados algunos lugares comunes y mostrar confianza, no deberíamos tener problemas para superar el ejercicio. Como en cada caso de los que estamos viendo, la práctica previa y la adquisición de automatismos es clave para evitar los nervios y solventar la prueba sin complicaciones.

# Supuestos prácticos

Para el opositor novato, el supuesto práctico es la prueba más desconcertante. «No sé ni por dónde empezar», se dice con angustia ante la perspectiva de enfrentarse a lo desconocido. Efectivamente, de primeras puede parecer un arcano impenetrable, pero en cuanto sabes de qué va el asunto, resulta que no era para tanto. A veces me ha ocurrido cuando hablo con pretendientes a oposiciones, dubitativos ante la perspectiva de afrontar los supuestos prácticos, que se sorprenden al decirles que este ejercicio no es el monstruo de mil cabezas que se imaginan, que cuando conoces su funcionamiento se trata incluso de una de las pruebas más sencillas. No es extraño percibir cierta incredulidad ante mis palabras, pero lo digo de verdad, no hay que tener miedo a los supuestos.

Evidentemente, tampoco es cuestión de presentarte a la prueba a verlas venir. Aparte de que los ejercicios que hemos tenido que superar hasta llegar aquí nos habrán proporcionado una base que será muy fructífera para preparar los supuestos, también en este caso es conveniente tener una firme formación previa. Existen cursos de desigual calidad (tiene muy buena fama el que proporciona la SEDIC, mientras que otros no comparten el mismo prestigio: es recomendable informarse antes por alguien que haya pasado por estos cursos para conocer su nivel de fiabilidad). Otra opción es encontrar un preparador particular que te guíe por todas las dudas y te proporcione toda la documentación que vayas a necesitar. En esta ocasión no vamos a entrar a ese nivel de detalle, pero sí que daré algunos consejos sobre la forma más conveniente de afrontar un supuesto, líneas generales que deberán completarse con la preparación propia.

Como paso previo, de nuevo hay que estudiar bien los precedentes de la institución a la que nos vamos a presentar. Sobre los supuestos no hay nada fijo y los estilos pueden variar mucho. Pero como el tribunal tiene la misma carencia de certezas, lo más común es que tire de la tradición de su organismo y replique el modelo de supuestos que se ha utilizado en otras convocatorias. Por eso también es especialmente importante en esta prueba conocer bien a los miembros del tribunal, estar al tanto de sus especialidades y dedicar una parte de la preparación al estudio de los campos en los que se desenvuelven profesionalmente.

A estas alturas a nadie le sorprenderá que mi primer consejo es que lo importante para realizar un supuesto práctico es tener un buen esquema. Yo voy a proponer aquí uno, pero eso no significa ni mucho menos que sea el único válido, aunque sí es eficaz. Como el día de la prueba vamos a poder contar con todo el material que queramos (a buen recaudo en un pen drive, en esta ocasión no hacen falta maletas), lo que debemos tener claro con anterioridad es que poseemos todos los documentos que vamos a necesitar. El material disponible incluye los temas que has podido preparar para las anteriores pruebas, así que gran parte del trabajo ya está prácticamente hecho: se trata de saber copiar y pegar bien.

La introducción del supuesto consiste en unos OBJETIVOS. Por ejemplo, si nos ha tocado un supuesto en el que debemos realizar el proyecto de un repositorio institucional, podemos recurrir a nuestros apuntes, seleccionar la definición de repositorio institucional, aderezarlo con la bibliografía correspondiente, personalizarlo con las características que se nos han indicado en el enunciado del supuesto y remitirnos a algún documento oficial que apoye nuestra propuesta. Hay que tener en cuenta que el resto de la presentación del supuesto va a ser muy esquemático, por lo que se tiene que aprovechar este apartado para ser lo más concreto posible y hablar de las peculiaridades del proyecto que vamos a presentar. En este apartado también son muy útiles los Planes Estratégicos del Consejo de Cooperación Bibliotecaria, de donde debemos seleccionar el punto que más se ajuste a nuestro proyecto[171].

---

[171]  https://www.ccbiblio.es/wp-content/uploads/III-Plan-Estrat%C3%A9gico-CCB-def.pdf

Tras los objetivos, viene el ANÁLISIS DE LA SITUACIÓN, que a su vez se divide en análisis externo y análisis interno. Este apartado es una simple enumeración de normativa, por lo que deberemos tener una buena selección de normas ISO asociadas. Por ejemplo, para el análisis externo, y por continuar con el ejemplo de los repositorios institucionales, debemos citar la norma *ISO 16363, auditoría y certificación de repositorios digitales de confianza.* Tampoco puede faltar nunca la familia de las ISO 9000, referentes a gestión, y todas aquellas que creamos que puedan ser pertinentes. También habrá que hacer mención a la legislación que se adecúe al caso, los estándares tecnológicos a los que nos atendremos y la referencia a modelos en los que podamos inspirarnos (el *benchmarking*). La parte del análisis interno es todavía más similar en todos los casos, solo habrá que hacer referencia a materiales, usos, recursos humanos y presupuesto.

Todo esto, así de primeras, puede parecer abrumador, pero como digo, una vez se tiene el esquema claro, si hemos preparado bien los temas la documentación está ahí para usarla. Además, como en la preparación habrás hecho unos cuantos supuestos de práctica, ni tan siquiera habrá que innovar demasiado. Un supuesto sobre un repositorio digital no será muy diferente a uno sobre un micrositio, o uno sobre la organización de una exposición a otro sobre promoción de la lectura. Por otro lado, esta es la parte más enjundiosa, lo que queda a partir de ahora consiste simplemente en rellenar el esquema con datos muy específicos que prácticamente en su totalidad vienen completados de casa.

El tercer paso será una breve referencia (dos líneas) a los TÉRMINOS, la mención de los conceptos principales sobre los que trata el proyecto (acceso abierto, reutilización de la información, ciencia abierta, etc.). La RESPONSABILIDAD DE LA DIRECCIÓN también consistirá en una mera mención al liderazgo y responsabilidades, de igual manera que la PLANIFICACIÓN, que de momento se quedará en una simple enunciación. Como advertía más arriba, este es el esquema con el que trabajé yo, otros pueden preferir una distribución diferente de los apartados o del énfasis dado a los mismos, y podría ser igualmente correcto.

Algo más de desarrollo merece el apartado de TAREAS Y SECUENCIAS, en el que se dará una explicación un poco más por extenso (pero tampoco demasiado) sobre las fases del proyecto. Después solo nos queda un breve apunte sobre la IMPLEMENTACIÓN (el cronograma), la EVALUACIÓN (con sus puntos correspondientes), la VALIDACIÓN DE LOS PROCESOS (la ISO 9001-7.5), los INDICADORES (generales y ajustados al proyecto), la DOCUMENTACIÓN (ISO 9001-4.2 e ISO 26122-8.3, importante no olvidarlo), y la COMUNICACIÓN.

El supuesto quedaría resuelto así:

**Supuesto práctico: Creación de un repositorio institucional en la biblioteca de un ministerio**

*Objetivos*

Según la definición Abadal (2012), un repositorio es un sitio web que recoge, preserva y difunde la producción académica de una institución permitiendo el acceso a los objetos digitales que contiene y a sus metadatos. Los objetivos de los repositorios son:

- Incrementar la visibilidad y prestigio de la institución, también frente a fuentes de financiación.
- Aumentar la visibilidad, difusión y uso de los trabajos de los investigadores.
- Posibilitar la disponibilidad de los resultados de las investigaciones a la comunidad científica.
- Contribuir a la preservación de los documentos digitales depositados.

En el caso concreto de un repositorio institucional de un ministerio, a estos objetivos genéricos aplicables al entorno académico se añade la necesidad de conservación de los productos generados por la propia institución, ya sean documentales, audiovisuales o en cualquier otro formato, y la difusión de los mismos, contribuyendo así a la reutilización y la transparencia, que deben ser principios rectores de la actuación de todo organismo público.

Este proyecto se enmarca dentro del III Plan Estratégico para el periodo 2019-2023 del Consejo de Cooperación Bibliotecaria, dentro de las líneas estratégicas y objetivos generales, correspondientes al Objetivo General 4 de Ciudadanía digital, y específicamente en el Objetivo General 4. 3 para fomentar el acceso a servicios y recursos, según el cual es necesario seguir trabajando en proyectos cooperativos de servicios digitales para facilitar al ciudadano, según sus necesidades en diferentes momentos, la posibilidad de acceder a información de diferente tipo: información de ocio, de investigación, etc.

La documentación contenida en el repositorio del ministerio debe estar disponible para su libre acceso en formato electrónico. Los documentos estarán almacenados en servidores accesibles a través de Internet, asegurando el acceso en línea. El acceso a la documentación digital contenida será de uso público, es decir estará disponible para leer, descargar, copiar, imprimir y distribuir cualquier documento, con la única excepción de respetar la propiedad intelectual del autor y la citación del trabajo. Los archivos estarán normalizados de acuerdo a estándares para la identificación digital del documento mediante el uso de protocolos internacionales. La colección estará organizada, ya que el repositorio no debe ser un mero depósito de documentos por lo que deben organizarse mediante la aplicación de alguna clasificación de contenidos. Además el repositorio deberá albergar los documentos de forma acumulativa y perpetua.

### Análisis de la situación

#### Análisis externo

Se realizará una búsqueda exhaustiva de toda la legislación vigente que pueda afectar a la puesta en marcha del proyecto.

Se tendrá como base la Norma ISO 16363, auditoría y certificación de repositorios digitales de confianza. También se tendrán en cuenta:

- ISO 9001:2015 de sistemas de gestión de calidad, con las especificaciones y requisitos para los sistemas de gestión de calidad aplicables a productos y servicios
- UNE-EN ISO 9004:2018 Gestión de la calidad. Calidad de una organización. Orientación para lograr el éxito sostenido
- ISO/TR 14873:2013 Information and documentation -- Statistics and quality issues for web archiving
- ISO 16439:2014 Information and documentation -- Methods and procedures for assessing the impact of libraries. Métodos y técnicas para evaluar el impacto de los servicios bibliotecarios
- ISO/IEC 40500:2012 Information technology — W3C Web Content Accessibility Guidelines

En el proceso será muy importante seguir el protocolo Open Archives Initiative para la Recolección de Metadatos (OAI-PMH), que define un mecanismo para la recolección de registros que contienen los metadatos de los repositorios.

Como legislación de referencia se tendrá en cuenta el Real Decreto 1112/2018, de 7 de septiembre, sobre accesibilidad de los sitios web y aplicaciones para dispositivos móviles del sector público, la Ley Orgánica 3/2018, de 5 de diciembre, de Protección de Datos Personales y garantía de los derechos digitales.

Como modelo para la realización del *benchmarking*, se puede tener como referencia Digital.CSIC, el repositorio institucional del Consejo Superior de Investigaciones Científicas y en el ámbito internacional DARE (Digital Academic Repository): Publicaciones de las universidades holandesas con financiación gubernamental.

Por último, se deberá tener en cuenta el Plan de Recuperación, Transformación y Resiliencia que servirá para canalizar los fondos de ayuda europeos hacia la modernización y digitalización de España.

*Análisis interno*

Será necesario el análisis de la situación de partida, los recursos con los que se cuenta, servicios similares y procedimientos que se deben cumplimentar. Por otra parte, también se analizará el objetivo que se quiere conseguir y los recursos necesarios para lograrlo, lo que enriquecerá la misión de la institución y clarificará las metas que se plantean en el futuro.

Análisis de los materiales que se van a utilizar: equipo informático (software y hardware necesarios), materiales que se van a digitalizar, adaptación de los materiales audiovisuales para su visualización en línea.

Análisis del uso que se va a dar: público al que va dirigido, posibilidades de reutilización.

Recursos humanos: personal necesario para su puesta en marcha, mantenimiento y utilización en el día a día.

Presupuesto: se tendrá en cuenta el personal dedicado al proyecto, la cantidad de material que se va a incluir en el repositorio y el coste de su adaptación.

*Términos*

Especificación sobre repositorios institucionales. Conceptos como acceso abierto, reutilización de la información, ciencia abierta.

*Responsabilidad de la dirección*

Para evaluar el liderazgo y compromiso con respecto al sistema de gestión de la calidad se utilizará la Norma ISO 9001 en su apartado 5, en el que se asume la responsabilidad y obligación de rendir cuentas con relación a la eficacia del sistema de gestión de la calidad y la Norma ISO 26122-4.5 sobre responsabilidades.

*Planificación*

Se establecerá un equipo o comisión o Unidad responsable de la investigación y recogida de los datos necesarios. Este equipo de personas tendrán un perfil apropiado con conocimientos sobre la materia y su puesta en práctica.

*Recursos humanos (referencia a Euroreferencial y Perfiles profesionales del CCB)*

Se incluirá desde el responsable del Servicio a todo el personal que contribuye a cada tarea.

*Tareas y las secuencias*

El primer paso es contar con una infraestructura (equipo necesario) para la puesta en marcha del proyecto. Esto incluirá la elección del software y del hardware más apropiados, para lo que será necesaria la colaboración entre expertos informáticos y bibliotecarios, ajustando las necesidades operativas a las posibilidades técnicas disponibles

Se seleccionarán los materiales que se van a incluir en el repositorio, teniendo en cuenta las perspectivas de uso y su valor documental.

Se elegirá una persona o personas responsables encargadas de la supervisión del proyecto.

Los plazos de realización estarán perfectamente delimitados, previendo un calendario de ejecución realista que tenga en cuenta las posibles eventualidades.

Respecto a la metodología, se detallarán todos los pasos a seguir en la puesta en marcha del proceso, teniendo en cuenta los aspectos anteriormente tratados y teniendo en cuenta los principios de eficacia y eficiencia.

Se valorará la participación de empresas externas en el proceso.

Para su estructura se utilizará la Norma ISO 9001-7 e ISO 26122-4 de planificación de los procesos.

## Implementación

Se establecerá un cronograma con todas las tareas anteriores y se decidirá una fecha a partir de la cual estará disponible el servicio.

## Evaluación

1º puesta a prueba de funcionamiento
2º una evaluación tras la implementación
3º establecer una periodicidad para estas evaluaciones de funcionamiento, subsanación de errores y posible control de riesgos, por ejemplo anual
4º Análisis de datos
5º Mejora continua

### Validación de los procesos (ISO 9001-7.5)

Realizada la prueba de funcionamiento, se procederá a una validación del servicio. La información documentada debe estar controlada para asegurarse de que:

A) Se encuentre disponible y sea idóneo para utilizarlo, cuando y donde se necesite.
B) Se encuentre adecuadamente protegida.

Para poder controlar toda la información documentada, debe validarse:

A) Acceso, distribución, recuperación y utilización.
B) Almacenamiento y conservación de la legibilidad.
C) Control de cambios.
D) Conservación y disposición.

*Indicadores*

Se sacarán estadísticas sobre material puesto a disposición de los ciudadanos, consistencia de la conservación de materiales, utilización de recursos electrónicos, fiabilidad del sistema, uso del servicio, eficacia del proceso, satisfacción del usuario…

*Documentación (ISO 9001-4.2 e ISO 26122-8.3)*

Todo el proceso, así como la memoria, fichas de análisis, responsables y resultados de las evaluaciones y los indicadores mediante los que se ha hecho esa evaluación deben quedar recogidos en la documentación del proyecto, para contribuir a la mejora continua así como en su implementación y prevención de riesgos.

*Comunicación*

Dar a conocer el servicio y sus funcionalidades a través de la propia web de la biblioteca, publicidad, redes sociales, etc.

\*

Como se ve, se trata de una presentación muy concisa y esquemática, pero es que tenemos que presentar muchos datos y hay poco tiempo para su exposición (suele ser de quince minutos). Por suerte, el tiempo para la redacción es mucho más amplio (de una a dos horas), así que no hay excusa para dejarse nada fuera.

Al igual que vimos durante la preparación del examen oral, la presentación del proyecto debe ser firme y sólida. Estamos demostrando no solo que tenemos los conocimientos suficientes para solventar el supuesto y que sabemos utilizar las fuentes de información (ahora no se trata de una prueba de memoria), sino que casi más importante es dejar claro al tribunal que somos capaces de asumir puestos de responsabilidad. Por eso debemos mostrarnos seguros (aunque por dentro seamos un manojo de nervios), no dudar en ningún momento y ser capaces de explicar nuestro plan con profesionalidad.

También en los supuestos prácticos el tribunal suele hacer algunas preguntas. Como el esquema es tan sucinto, podemos aprovechar para desarrollar alguno de los puntos que queremos destacar y que no nos ha dado tiempo a explicar durante la exposición. Esta parte también la debemos tener preparada antes de ponernos a hablar: la habilidad consistirá en utilizar las preguntas para, sin obviar la cuestión, llevárnosla a nuestro terreno. En todo momento debemos mirar a los miembros del tribunal y transmitir también con nuestra presencia que sabemos de lo que hablamos y que confiamos en nosotros mismos: solo así podrán hacerlo ellos también.

# 8

# Últimos pasos

Y ya está. Ya hemos escalado la montaña del proceso selectivo[172]. Bueno, en realidad aunque parezca mentira falta la parte más engorrosa: el curso y los trámites administrativos. Respecto al curso, que no está presente en todos los procesos, puedo decir que a pesar de que se trata de un simple trámite (con acudir y cumplir lo que te digan se aprueba, muy cafre habrá que ser para no superarlo), es un trámite infernal. Estar horas y horas escuchando charlas de utilidad discutible puede ser una de las experiencias más aburridas del universo, hasta el punto de que a la hora de presentarme a la promoción interna, aparte del examen oral lo que más me echaba para atrás era tener que sufrir otra vez este curso. Al final me decidí y las expectativas se cumplieron.

Pero mejor corramos un tupido velo[173] y concedamos que el curso es el tributo que hay que pagar por haber triunfado en las oposiciones. Luego llega lo de los trámites administrativos, en los que como ciudadanos adultos españoles ya tenemos experiencia. Puede haber momentos en los que el funcionario *in pectore* piense que tira la toalla, que prefiere renunciar a su puesto antes que hacer frente a otra de las trampas que le ha tendido la administración. Incluso se puede pensar que cumplir con la burocracia es otra prueba más de la oposición, o que es simplemente un adelanto de lo que le espera al trabajar en la administración pública. Pero no desesperéis, al final resulta que todo era una pesadilla y cuando os despertáis tenéis un trabajo fijo.

---

[172] No quería terminar la *Guía* sin usar la metáfora de la montaña, parece que una oposición no está completa sin ella.

[173] Parece que ha llegado la hora de los tópicos.

# Agradecimientos

El solitario camino del opositor (ya se sabe que los valientes andan solos) es mucho más arduo si no se cuenta con la ayuda de familiares, colegas y amigos. También para la redacción de esta Guía, una plasmación por escrito de mi labor bibliotecaria de los últimos años, he podido beneficiarme del apoyo de mis compañeros del Servicio de Información Bibliográfica de la Biblioteca Nacional de España: Nati Escavias, quien fue la guía en persona que me introdujo en los misterios de la Biblioteconomía aplicada; María Osuna, que siempre hace el trabajo más fácil; Rubén Postigo y Paco Menacho, los cracs de la Sección de Documentación Bibliotecaria; Pía Bordiú, transmisora de paz espiritual a compañeros y opositores; y Juan Fernández, aunque por llevar la contraria él me diría que no. También fueron de gran ayuda tanto en la preparación de las oposiciones como en la redacción de este libro Elena Escolano, la mejor tutora que se puede tener, María Galocha, la mejor compañera, y en especial Marta Cerrada, quien evitó la inclusión de algunos errores que se habían colado en el texto (los que permanezcan son culpa suya) (es broma).

EX·LIBRIS